『行動力神メソッド55』達成ワークシート

本書掲載のメソッドをチェックリストにまとめました。
なお、このワークシートは、データで受け取れます（↓262ページ）。
※チェックボックスの使い方（少し実践できた↓◪ 達成できた↓■）

なぜ、「すぐやる人」と「やれない人」がいるのか？

- □1 自分から挨拶をする
- □2 テレビやSNSは、「見るもの」を先に決める
- □3 自分の「好き」を書き出す
- □4 1年前の手帳を見る
- □5 嬉しかったことを書き出す
- □6 人からよく聞かれることを書き出す
- □7 理想の一日スケジュールを書く
- □8 「プラス目的」に変える
- □9 突然のお誘いに乗ってみる
- □10 尊敬する人の視点で考える

\ 誰でも「すぐやる人」になれる！ /
潜在意識を味方にする「心のブレーキ」の外し方

- □11 思考の鎧《よろい》を脱ぎ捨てる
  - □ 初級 タラレバ思考を受け入れる
  - □ 中級 タラレバ思考を手放して得られるものをイメージする
  - □ 上級 やりたいことを実現している「理想のモデルケース」を探す
- □12 明日に回さず、今やりたいことを一つやる
  - □ 初級 その場でスケジュールを相談する
  - □ 中級 日程と場所を決める
  - □ 上級 即座にお店に予約を入れる
- □13 二者択一を迫られたら、両方得る方法を考える
  - □ 初級 ワクワクするほうを選ぶ
  - □ 中級 冒険心をもって、やったことがないほうを選ぶ
  - □ 上級 二者択一の場合、両方得る方法を考える
- □14 今できることをやる
  - □ 初級 期限と望む結果を書き出す
  - □ 中級 逆算のスケジュールを書き出す
  - □ 上級 今すぐ、できることをやる
- □15 嫉《しっ》妬《と》を感じる人を書き出す
  - □ 初級 羨ましいと思っている自分の感情に気づく
  - □ 中級 羨ましいと感じるポイントを書き出す
  - □ 上級 可能性の扉として受け入れる
- □16 小さな達成感を味わう
  - □ 初級 行動目標を設定する
  - □ 中級 目標達成のご褒美を設定する
  - □ 上級 目標を達成し、ご褒美を受け取る
- □17 「やる気スイッチ」を見つける
  - □ 初級 自分の「やる気スイッチ」を見つける
  - □ 中級 「やる気スイッチ」を用意する
  - □ 上級 「やる気スイッチ」を活用する
- □18 気持ちが沈んでいるときはまず動いてみる
  - □ 初級 沈んでいる気持ちを書き出す
  - □ 中級 実際に体を動かす
  - □ 上級 前向きなアウトプットをする

- □19 苦手なことを知る
  - □ 初級 苦手なことに気づく
  - □ 中級 苦手を受け入れて開示する
  - □ 上級 苦手なことを他者に依頼する
- □20 「叶えたいことリスト」を作成する
  - □ 初級 叶えたいことを30個書き出す
  - □ 中級 叶えたいことを50個書き出す
  - □ 上級 叶えたいことを100個書いて、ストーリーにする

\ 「すぐやる人」に学ぶ！ /
行動に直結するポジティブ思考

- □21 飲食店での注文は素早く決める
- □22 会議やミーティングで自分の意見を言う
- □23 苦手なことは「できない」と言う
- □24 人の「いいところ探し」をする
- □25 完璧主義ではなく、完了主義になる
- □26 積極的に行動している人と関わる
- □27 「はい」か「イエス」か「喜んで」
- □28 マイルールをつくる
- □29 何かにチャレンジしている人を応援する
- □30 未来のビジョンをもっている
- □31 自分の心の「充電場所」をつくる
- □32 自分の失敗談をネタにして話す

\ 「すぐやる人」はここが違う！ /
使命感をエンジンにして結果を出す方法

- □33 【口動編】会話の中に「質問」を入れる
  - □ 初級 「今日はどんな一日だったか」を自分に問いかける
  - □ 中級 1週間以内に会った人に「その後、調子はどう？」と聞く
  - □ 上級 今日会う人に「何か困っていることはない？」と聞く
- □34 【口動編】自分から声を掛けて会話のきっかけをつくる
  - □ 初級 初めて行くお店で店員に声を掛ける
  - □ 中級 家の近所や職場、学校などで会う人に声を掛ける
  - □ 上級 美容室、歯科医院などで自分からオーダーする
- □35 【口動編】返事はその場でする
  - □ 初級 メールやチャットに気づいたらすぐ反応する
  - □ 中級 感謝の言葉で返信する

□ 上級　次のアクションを伝える

□ 36【口動編】「プラス言葉」を使う

□ 初級　「プラス言葉リスト」を作る

□ 中級　「プラス言葉リスト」を使って人を褒める

□ 上級　相手が嬉しそうなポイントを見つけて褒める

□ 37【口動編】「5D」を置き換える

□ 初級　自分の5Dを認識する

□ 中級　5Dの言葉を言い換える

□ 上級　実現したいことを言語化して、具体策を考える

□ 38【口動編】「お願いキャンペーン」を実施する

□ 初級　言葉に出して誰かに頼り、相手の表情を確認する

□ 中級　協力してもらえそうな人を5人リストアップする

□ 上級　実際に依頼する

□ 39【口動編】「ありがとうキャンペーン」を実施する

□ 初級　お世話になっている人に「ありがとう」を言う

□ 中級　5人以上に「ありがとう」を言う

□ 上級　普段話さない人に「ありがとう」を言う

□ 40【考動編】書店で気に入った本を買う

□ 初級　お気に入りの本を見つけて最後まで読む

□ 中級　気づいたところに線を引き、ページの角を折る

□ 上級　感想をシェアする

□ 41【考動編】人生の計画を立てる

□ 初級　明日をどんな一日にしたいか、自由に想像する

□ 中級　1年後のありたい姿を描く

□ 上級　10年後の今日の、一日スケジュールを考える

□ 42【考動編】コミュニティ、セミナー、講演会に参加する

□ 初級　学びの場を探す

□ 中級　学びの場に参加する

□ 上級　自分にない価値観に気づき、取り入れる

□ 43【考動編】限定モノ、ラス1《イチ》を選ぶ

□ 初級　限定品を選択する

□ 中級　選んだものを経験する

□ 上級　感想をアウトプットする

□ 44【考動編】自分と約束をする

□ 初級　自分との約束を決める

□ 中級　約束を期限や数字にして表す

□ 上級　1《ワン》アクションを実践する

□ 45【考動編】憧れの人から「学ぶ」

□ 初級　生き方に憧れる実在の人物を、一人見つける

□ 中級　その人のどこに、なぜ惹かれるのかを考える

□ 上級　その人の背景やストーリーを調べる

□ 46【考動編】やりたくないことを把握する

□ 初級　「やりたくないこと」を7つ書き出す

□ 中級　回避する方法を探す

□ 上級　考えたアイデアを実行する

□ 47【行動編】1日1《ワン》アクション

□ 初級　カバンの中身を整理整頓する

□ 中級　今いる場所から半径3メートル以内を整理整頓する

□ 上級　手つかずのところを整理整頓する

□ 48【行動編】「やったことがないこと」をする

□ 初級　自分の「行動パターン」に気づく

□ 中級　今まで「やったことがないこと」をする

□ 上級　新しい発見を楽しむ

□ 49【行動編】小さな夢を叶える

□ 初級　「行きたい場所」を見つける

□ 中級　「行きたい場所」に行く

□ 上級　やりたかったことを「体験」する

□ 50【行動編】なりたい自分にふさわしい「場所」で行動する

□ 初級　理想の自分にふさわしい「場所」を決める

□ 中級　その場所で、やりたいことを「体験」する

□ 上級　なりたい自分に「なりきる」体験をする

□ 51【行動編】感動体験を生み出す

□ 初級　自分の「感情」を知る

□ 中級　感動を与える準備をする

□ 上級　誰かに感動を与える

＼「すぐやる人」は動き続ける！／

習慣力を味方につけて人生を切り拓こう

□ 52 イベントを企画する

□ 初級　イベントを企画する

□ 中級　イベントの準備をする

□ 上級　イベントを実施する

□ 53 朝のモチベーションを高める

□ 初級　今日のスケジュールを確認する

□ 中級　どんな一日にしたいかを考える

□ 上級　ベストを尽くす

□ 54 振り返る時間をつくる

□ 初級　今日一日を振り返る

□ 中級　気づいたことを書き出す

□ 上級　改善して次につなげる

□ 55 人生を変えるために習慣を変える

□ 初級　起床時間を10分早める

□ 中級　食べ物を変える

□ 上級　仕事や住む場所を変える

行動力
神メソッド55

メンタルコーチ
一条佳代

三笠書房

はじめに

「やせたくてダイエット本を購入したのに、ちょっと試しただけでやめてしまった」

「資格試験の勉強をしようと決意したはずなのに、いつの間にかうやむやになった」

あなたは、このような経験はありませんか？

自己実現をする人、成長する人に共通しているのは「行動力」があるということです。

人は、行動すれば人生が好転し、心豊かに生きることができます。

それがわかっているのに、どうしても一歩を踏み出せずに足踏みしている人の、なんと多いことでしょうか。

私が思うに、行動できない理由は大きく分けて二つです。

一つは、**「行動できるしくみ」**を知らないこと。

もう一つは、**「どうせできないだろう」**という思い込みをもっていることです。

そこで、本書では、私が学んできたセルフコーチングの手法をもとに、**行動できるしくみをわかりやすく解説するとともに、潜在意識に働きかけて「できない」という思い込みを解除していく方法**をお伝えします。

そもそも、人は誰でも「行動する力」をもっています。その力を引き出すのが、本書の目的です。

輝いて見える人、成功している人も、最初からうまくいったわけではありません。ただ、失敗したとき、つまずいたときに「どうすれば、うまくいくだろう」と自問自答しながら、改善・改良を重ねることで結果を出してきたのです。

あなたも、最初から完璧を望むのではなく、一つひとつ「できたこと」を積み重ねてほしいと思います。その成功体験の積み重ねが自信に変わり、前向きに行動できるようになります。この本の一部の章では、できるだけ最初の一歩を踏み出しやすいように、「初級」「中級」「上級」に分けて、具体的なアクションをお伝えしました。

楽しむ気持ちで、気軽にチャレンジしていただけたらと思います。

この本をきっかけに、あなたも「行動できる」「一歩踏み出せる」ことに気づき、自らの人生をよりよい方向に切り拓《ひら》いていくことを願っています。

一条佳代

はじめに　1

Contents

第1章

なぜ、「すぐやる人」と「やれない人」がいるのか?

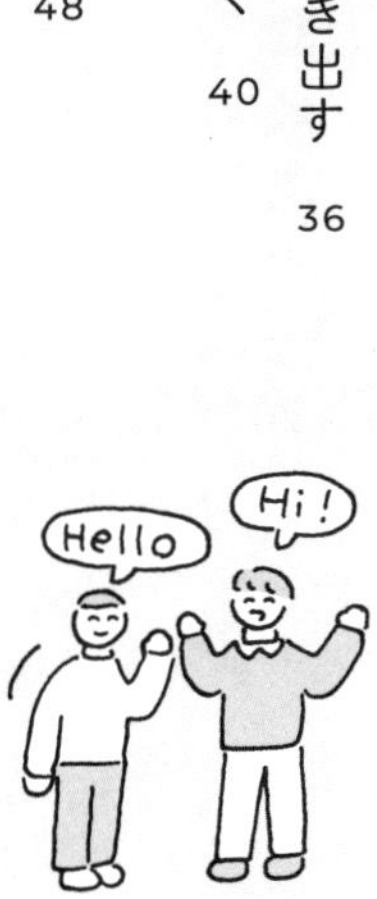

第2章

誰でも「すぐやる人」になれる！
潜在意識を味方にする「心のブレーキ」の外し方

第3章

「すぐやる人」に学ぶ！
行動に直結するポジティブ思考

第4章

「すぐやる人」はここが違う！

使命感をエンジンにして結果を出す方法

第5章

「すぐやる人」は動き続ける！

習慣力を味方につけて人生を切り拓《ひら》こう

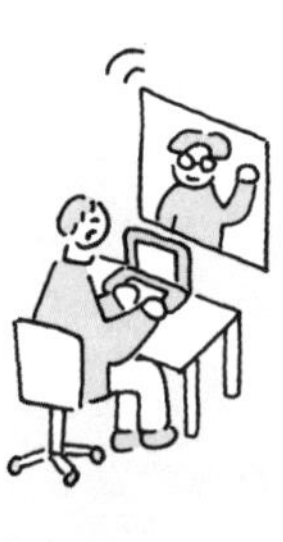

企画プロデュース　我妻かほり
編集協力　渡辺稔大
本文イラスト　米村知倫（Ｙｏｎｅ）

「すぐやる人」と「先延ばしにしてしまう人」

決定的な違いは何でしょうか？

あなたを縛る「思考のクセ」に気づいてください。

思考を転換することができたその瞬間から、
あなたは「すぐやる人」へと変わり始めています。

第1章

なぜ、「すぐやる人」と「やれない人」がいるのか？

行動できる人とできない人の差は、
失敗を恐れるか、
失敗も「話のネタになる！」と思えるか。

世の中には「行動できる人」と「行動できない人」がいます。

行動できる人は、行きたいところに行き、会いたい人と会い、やりたいことを次々に実行し、充実した時間を過ごしています。

その一方で、行動できない人は、頭では「行動が大事」「動けば何かが変わる」とわかっていても、いざとなると「できない言い訳」が邪魔をして、結局は何もしないまま、いつもの日常を送っています。


この違いは、いったいどこにあるのでしょうか？

やる気のある・なしの差なのでしょうか？

それとも、生まれ持った才能の違いなのでしょうか？


私は、**行動できる・行動できないの差は、〝思考のクセ〟によって生じる**と考えています。

人は成長していく過程で、徐々に特有の思考のクセをもつようになります。

行動できる人は、明確なビジョンをもち、そのビジョンを達成することに喜びを感じるような思考のクセをもっています。

これに対して、**行動できない人は失敗することを怖がる傾向が強い**です。挑戦することのワクワク感よりも、失敗を恐れる感情が勝ってしまうのです。

失敗を恐れてしまう原因は、いくつかあります。

たとえば、失敗したときにまわりの人から笑われて恥ずかしかったとか、親や先生から注意されて悲しかった経験をもつ人は、そういう感情と向き合うことを怖がる可能性があります。

あるいは、有名人が行動して、世間やマスコミから叩かれている様子を見たり、主人公が失敗し、不幸になってしまうような映画を観たりして、自分のことのように感じるケースもあります。その結果、「失敗したら叩かれる」というネガティブな思考のクセがついてしまうわけです。

しかし、**本当に怖いのは失敗することそのものではなく、失敗を恐れて何もできなくなること**です。

将来、何もできなかった人生を後悔し、自分を否定する日が来ることです。

行動できる人は、失敗した経験すら笑い話に変える力をもっています。**失敗経験を生かして、改善を重ねることで、成功の確率を上げています。**

あとで振り返ったときに、**今までの失敗のすべてが自分にとって必要だったと捉えることができ、すべての経験が感謝に変わります。**

もちろん、今すぐそんな思考のクセをつけようと思っても、そう簡単に切り替えることはできません。でも、心配しなくても大丈夫です。できない思考のクセがつくしくみを知り、今から行動できる思考のクセを身につけていけばよいのです。

まずは、ウォーミングアップです。

この章では、今までの思考のコリをほぐすような感覚で、**行動できる人のパターンを見ていく**ところから一緒に始めましょう。

Method 1

自分から挨拶をする

そうしないと…

- 必要以上にまわりの目が気になる
- 人間関係が深まらない！

あなたは普段、近所の人と顔を合わせたときに、挨拶ができていますか？　朝、会社の人に自分から挨拶をしているでしょうか？

できていないと思う人は、ぜひ明日から、挨拶をしてみましょう。

「おはようございます！」

「こんにちは。いいお天気ですね」

などと、声を掛けてみます。これなら、実践のハードルは低いですし、顔なじみの人や、気心が知れている人から始めてみてはいかがでしょうか。

「そんなことで行動力が上がるの？」と疑問に思う人もいるかもしれませんが、**挨拶をするというきっかけで、確実に行動力は上がります。**

挨拶をすると**「自分から行動できた」という実感**が得られます。声を掛けるということは、行動を起こすことでもあり、能動的な自分に自信がもてるようになります。その結果、**自信があるから行動できる、という好循環が生まれる**のです。

挨拶のよいところは、他人から否定されないことです。

「おはようございます」と挨拶をされて、不愉快に思う人はいません。たいていは

「おはようございます」と返ってくるようになります。

さらに、気持ちよく挨拶できれば、気分も上がり、その日一日を頑張ろうというモチベーションも高まります。毎日挨拶をしていれば、相手とちょっとした雑談もできるようになり、話題が広がったり、今の思いや気持ちを聞ける可能性も増します。

仮に相手の反応が薄くても、気にすることはありません。**挨拶ができた自分を肯定すればよい**のです。

行動できない人は、必要以上にまわりの目を気にしています。

「これを言ったら、どう思われるだろう」

「向こうはこんな情報を求めていないかもしれない……」

などと考え、自分から声を掛けたり、発信したりするのをためらってしまいます。

でも、**思ったことを自分の中にとどめていたら、チャンスは生まれません。**

行動できる人は、自分が思ったことをどんどん口にしています。

たとえば、最近感動した話や、面白かった映画の話、役に立った情報などを積極的にまわりとシェアするのです。自分がいいと思ったものを素直に伝え、相手から喜ばれることで、人間関係を深めていきます。

あなたもぜひ、行動できる人を見習って、ちょっとした自己紹介をするつもりでシェアするクセをつけてみましょう。

その行動力のきっかけとなるのが、「挨拶」です。

挨拶をして自分に自信をもてれば、自然と主体性が身につきます。ほかのさまざまな場面でも、自分から積極的に声を掛けられるようになります。

たとえば、誰かが助けを求めているようだったら、勇気をもって「お手伝いしましょうか？」と、ひと言発してみるだけでもいいのです。

声を出して動くことで、何らかの展開が生まれ、新しいチャンスにつながります。

Point

自分から声を出す習慣が、行動力を上げる

Method 2

テレビやSNSは、「見るもの」を先に決める

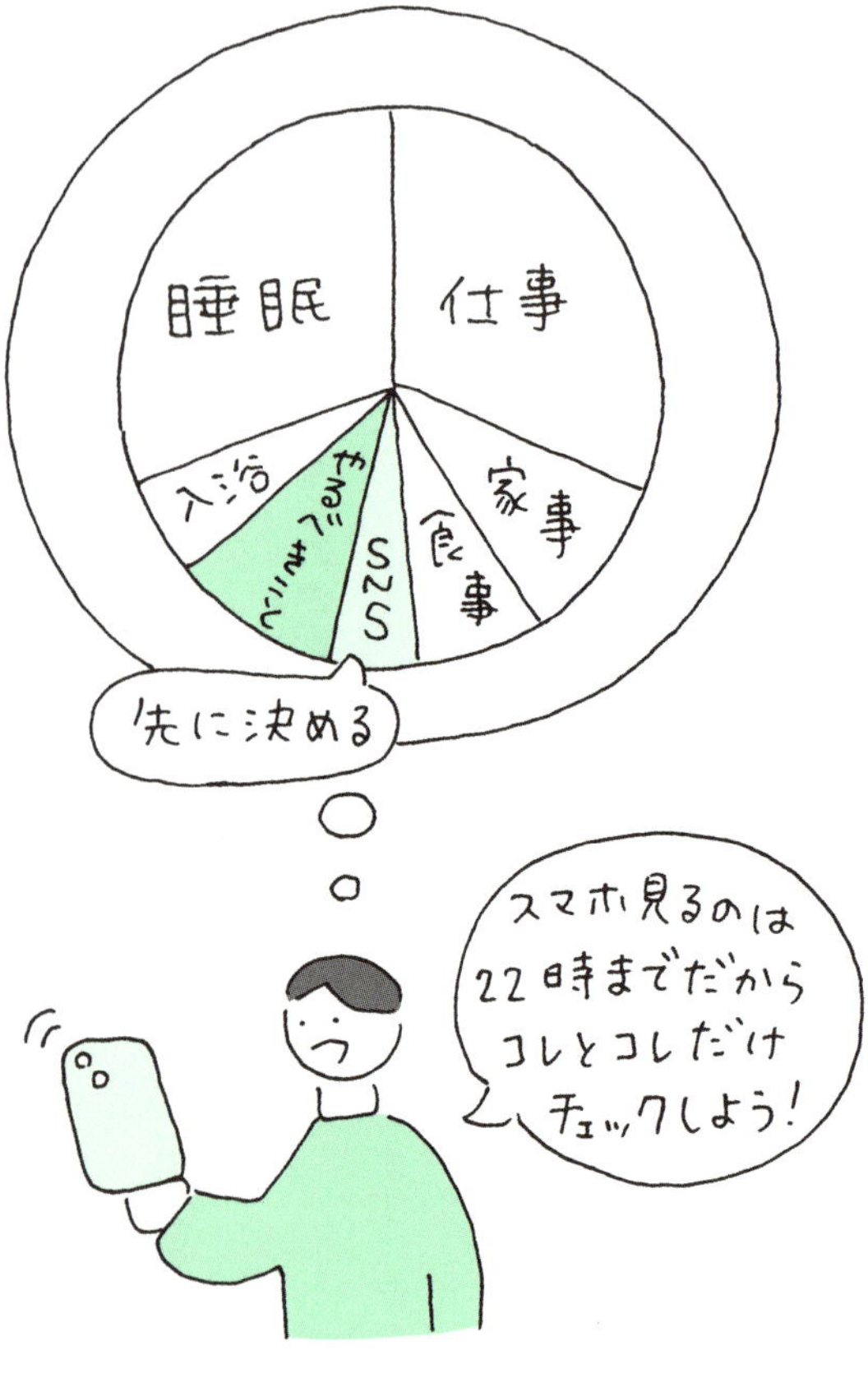

そうしないと…

- 時間がどんどん溶けていく・・・
- 本来やるべきことができない!

どうしても見たいわけでもないのに、なんとなくテレビやSNSを見てしまう。そして、いつの間にか見入ってしまい、ダラダラと時間を浪費する。

あとになって「ほかのことが、何もできなかった……」「あー、時間をムダにした」と後悔する。そんな経験、ありませんか？

これは決して、あなたの意志が弱いということではありません。

番組や投稿など、**コンテンツを作る人たちの努力や工夫がすさまじい**のです。彼らは視聴者の興味を惹くため、日々趣向を凝らし、コンテンツを磨き続けています。

あなたも、たとえばテレビを見ていて、CMに移る直前に「このあと、衝撃の展開が！」「正解はコマーシャルのあと！」などの煽《あお》りテロップを目にしたことがあるでしょう。YouTubeなども、視聴傾向にもとづいたおすすめ動画が次々と表示されるので、見るつもりのなかったものまで、つい見続けたことがありませんか？

視聴者の離脱を防ぐために、私たちの好奇心を刺激し、興味をつなぎ留めようとしているわけですから、これはある意味、仕方がないともいえます。

しかし、こうやって流されるままに、**ダラダラとテレビやSNSを見続けたら、時**

間と労力はみるみる失われ、本来やるべきことができなくなります。

そこでお伝えしたい解決法が**「テレビやSNSは、何を見るか決めておく」**ということ。テレビを見るなら、あらかじめ見たい番組を決めておき、その番組だけを録画して見る。SNSなら「この人の情報を知りたい」と思ったものだけを検索してチェックする。このように、先に何を見るか決めておくことを意識しましょう。

これは、買い物でも同じです。スーパーに買い物に行くとき、**あらかじめ晩御飯のメニューを決めてから行く場合と、何も決めずに行く場合を比較すると、時間とお金の使い方に大きな差が出る**ことがわかっています。

目的なくスーパーに行くと、「本日限りのお買い得！」「このお惣菜、おいしそう」など、目につくものを次々にカゴに入れてしまい、予想以上に時間とお金を使います。

一方、前もってメニューを決めておけば、ピンポイントで必要な商品だけを探すので、店内に滞在する時間が短くなり、ムダな衝動買いも減ってお金も節約できます。

情報を得るときも、あらかじめ「何を知りたいのか」「何を見たいのか」を決めておけば、不要な情報を見なくなるので、時間の浪費を防ぐことができます。

見るものを決めずにテレビやSNSを見ていると、時間の浪費になるだけでなく、情報過多になってしまうおそれもあります。

「この人が言っていることに共感できる」「でも、こっちの意見も正しそう」などと、情報を詰め込みすぎた結果、自分にとっての正解がわからなくなってしまうのです。

すぐ行動できない人は、情報に対して受動的です。どれも自分にとって必要そうに思えるので、矢継ぎ早に提供される情報に翻弄され、次から次へと興味が移ります。

これに対して、**すぐ行動できる人は情報に対して主体的**です。「自分は何を見たいのか」という自分との対話ができているので、必要な情報を得られた時点で満足できますし、ほかの情報に目移りすることもありません。

このように、**先に「何を見るか」決めることを習慣づけておけば、主体的に情報を選び取る力が身につきます。**

Point

先に目的を決めると、
主体的に情報を選択できるようになる

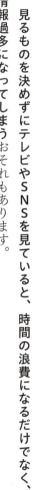

Method 3

自分の「好き」を書き出す

好きなものリスト
K-POPが好き
特にNewJeans!
食べ物ならラーメン
カレーも好き
映画はアクションもの!

そうしないと…

- 自分の価値観がわからない
- まわりに振り回されてしまう

人が行動できない理由として「自分の価値観がわからない」ということがあります。**自分の価値観がわからないから、いつも他人が言うことに振り回される。他人に振り回されるから、いつまでたっても自分に自信がもてない。自信がもてないから、行動もできない**、という悪循環に陥ってしまうのです。

逆にいえば、自分の価値観を認識できていれば、他人が言うことに振り回されることもなくなり、落ち着いて行動できるようになります。

では、どうすれば自分の価値観がわかるのでしょうか。

最も簡単な方法は、**自分の好きなものを書き出す**ことです。

好きな食べ物でも、好きな映画やマンガでも、好きな芸能人でも何でもかまいません。とにかく、好きなものを書き出してみましょう。好きな言葉や格言・名言などを書くのもいいですね。

ノートに手書きでもいいですし、スマホのメモアプリに入力するのでもOK。大事なのは、**自分が「いいな」と思うモノやコトを言語化すること**です。

自分の頭の中で思っているのと、書き出して言語化するのとは全然違います。**言語**

化した文字を見ると、自分への問いが始まります。「カレーが好きと書いたけど、本当かな？　もしかしたら、カレーは食べるより作るほうが好きかもしれないいな」

そうやって自分に投げかけることで、**自己理解が深まっていきます。**

また、書くことで自分の考えや思いを表現しやすくなる効果もあります。

私のセミナーでも「質問や感想を話してください」と言うと、なかなか言葉に出せなくても、書く時間を与えてから「読み上げてください」と言うと、考えて確認する時間ができるので、発言しやすくなるようです。

嫌いなものではなく、**好きなものを書くことにも意味があります。**

もちろん、嫌いなものにも自分の価値観は反映されるのですが、嫌いなものを見つけようとすると、マイナス思考に陥るおそれがあります。

「嫌いなものが多すぎる。私ってダメな人間だな」などと否定的に捉え、かえって自信を失いかねません。

好きなものにフォーカスすると、自分自身に関心をもてるようになり、自分のことがどんどん好きになっていきます。

自分を好きになり、自分の価値観をしっかりもっている人は、まわりから何を言われてもめげません。一時的に落ち込んでも、自己認識できているため、時間をかけずに回復できます。**まわりに振り回されずに、自分の思い通りに行動することができるからです。**

好きなもののためには意欲的に行動できる、というのも見逃せないポイントです。たとえば、好きな食べ物があれば、遠くのお店でも足を運んで食べに行こうと思いますし、スーパーの食品の棚を探そうとします。好きな俳優がいれば、その俳優が出演する映画を観に行ったり、周囲の人に魅力を語ったりするようになります。

つまり、**「好き」は最強の行動力につながる**のです。

Point

「好き」を知るだけで、行動力が爆上がりする

Method 4

1年前の手帳を見る

そうしないと…

- 何もしないまま、時間だけが過ぎていく・・・
- 自分の成長を実感できない！

自分だけ全然、成長できていない。いつも同じところで足踏みをしている。行動しないまま時間だけが過ぎてしまう……。そんな思いに捉われている人に、やってみてほしいことがあります。それは、**1年前の手帳を見る**ということです。

手帳を持っていない場合は、過去の写真を見るのでもいいですし、SNSをやっている人は1年前の投稿を見るのでもかまいません。


1年前の自分がやっていたことを知れば、自分の行動を確認することができます。

何もしていないつもりでも、**過去を振り返ると、意外と行動できていたと思える出来事が見つかる**ものです。

「何にもしてないと思っていたけど、前から行きたかった美術館に行って、好きな絵を観ることができた」

「初めてChatGPTを使って、企画のアイデアを出してみた」

「思ったよりたくさん本を読んでいたな」

「○○さんとランチをして、いいアドバイスをもらったんだよね」

などと気づくだけでも、成長を感じるきっかけになります。

1年前と今の自分を比較できるというのも大きなポイントです。

「そういえば、趣味の習い事は今も続けられている。最初の頃と比べたら、結構上達しているよね」

「このときプロジェクトのキックオフがあって、その後、無事に目標を達成できた。最初は不安だったけど、やればできるとわかって嬉しかった」

といった具合に、1年前と比較すれば「できていること」が見つかり、自分の成長を実感できます。

行動できる人は、あえて手帳などを見直さなくても自分の変化に気づいています。当たり前の日常を送る中で、**動いている自分、成長している自分に気づいているので、変化を楽しみながら行動している**のです。

もしかすると、「1年前の手帳を見ても、ほとんど成長を実感できない」という人もいるかもしれません。

でも、本当は誰もが変化をしています。その何よりの証拠に、**あなたは1年前と比べて1歳、歳を重ねているはず。**それに、この本を手に取り、ここまで4項目を読み進めただけでも、読む前とは意識が変化しているはずです。
今からでも遅くありません。自分の前向きな変化に気づき、自分から行動して成長していきましょう。

なお、自分の成長に気づくための簡単な方法として、**日々の行動を記録しておく**ことをおすすめします。

行動記録をつけるようにするだけで、今まで見過ごしていた自分の行動力に、改めて気づくことができます。また、「できなかったことができた」と思えた瞬間に、自信が芽生えるようになります。

毎日少しずつ自信を積み重ねられるので、いいことずくめです。

Point

どんな人でも日々変化している。成長している自分を認めよう

Method 5

嬉しかったことを書き出す

そうしないと…

- 失敗のイメージが浮かび、一歩を踏み出せない
- 何をやるにも、ネガティブな感情に支配されてしまう

行動できる・できないの差は、どこにあるのでしょうか？

実は、**行動したあとに思い描くイメージ**と大きく関係しているといわれています。

行動できる人は、行動する前に「できて嬉しい」状態をイメージします。「できている」という**ポジティブな状態をイメージするからワクワク感が生まれ、恐れずに動くことができます。**

一方、行動できない人は、**失敗したときの「できなくてツラかった」イメージ**が思い浮かびやすいため、何かやりたいことがあっても一歩を踏み出す勇気が出ません。

ポジティブなイメージを養うには、ポジティブな出来事を思い出すのが効果的です。具体的には、**嬉しかったことを書き出してみる**ことをおすすめします。

この1カ月の間に嬉しいと感じた出来事を書いてもいいですし、人から言われて嬉しかった言葉や、人からやってもらって嬉しかったことを書くのもよいですね。

欲しかったものを買えた嬉しさもあれば、休日にお出かけができた嬉しさなど、探せば嬉しかった出来事が見つかりやすいのではないでしょうか。思い出した内容を書き出してみましょう。

「どうしても嬉しかったことが思い出せない」という人も大丈夫。**今日から嬉しく感じる出来事を探しながら生活すればいい**のです。意識して探せば、嬉しい出来事は必ず見つかります。

嬉しかった出来事を思い出して書き出せば、自然と**「なぜ、嬉しかったんだろう？」**と、「理由」が見えてきます。たとえば「職場の先輩から『あの仕事、よくできていたね』と声を掛けてもらって嬉しかった」→「なぜ、嬉しかったんだろう？」→「私のことを見てくれていたのがわかったからだ」と考えたとしましょう。

すると、今度は立場を変えて**「相手を普段から観察して、よかった点に気づいて言葉に出して伝えると、相手は嬉しく感じるのかも」**という気づきが得られます。

この気づきは、次の行動のヒントとなります。

「次は自分からまわりの人に声を掛けて、よかった点を伝えよう」という意識づけができ、アクションを起こしやすくなるのです。

あるいは「誕生日プレゼントをもらって嬉しかった」→「なぜ？」→「私のために、

一生懸命考えてくれた時間が嬉しい」と考えれば、家族や友人のためにワクワクしながら誕生日プレゼントを選んで贈ることができるようになります。

もっというと、「そういえば、〇〇さんの誕生日が近いな。何かプレゼントを用意しよう」と気づいて、自ら行動できるようにもなっていきます。

他人のために行動できるようになるだけではありません。**嬉しかった出来事を思い出すだけで、シンプルに行動力は上がります。**

「勉強が仕事に生かせたのが嬉しかった」→「もっと勉強しよう」

「スパイスカレーを作ったらおいしくて嬉しかった」→「スパイスカレーを究めよう」

など、嬉しかった出来事を思い出すと、**ワクワク感と好奇心が高まります。** 何をしていいかわからないという人は、とにかく嬉しかった出来事を思い出してみましょう。

Point

ポジティブな出来事を思い出すと、ポジティブなイメージ力がアップする

Method 6

人からよく聞かれることを書き出す

そうしないと…

- 自分の「強み」がわからない
- 自己肯定感が上がらず、行動につながらない

「強み」は行動を促す原動力となります。
行動できる人は、自分の強みを生かし、強みを発揮できる領域で行動しています。
行動できる人は、「自分はこれができる」を知っているので、迷いがありません。

強みは人によって違いがあるので、まずは「自分の強み」に気づくことが重要です。しかし、強みは自分ではなかなか気づきにくいものです。なぜなら、**自分にとっては当たり前にやっていることが、他人から見ると強みである**ことが多いからです。

そこで注目したいのが**「他者の視点」**です。周囲の人は、あなたの強みをよく理解しています。しかも、頻繁に強みのありかを教えてくれています。

他人が強みを教えてくれるタイミングは、**あなたを頼り、何かを依頼してくるとき**です。あなたが、**まわりの人からよく聞かれたり、相談されたりすることは何ですか？** あるいは最近、まわりの人から依頼されたことは何ですか？

私の場合は、「人間関係で悩んでいます。こんなとき、どうすればいいですか？」などと相談されることがよくあります。

それは、私がコーチングを仕事にしているからです。私に相談すれば、満足のいく回答を得られるかもしれないとの期待から、相談をしてくれるのでしょう。

つまり、**あなたが聞かれたり依頼されたりすることは、その分野に関してあなたが信頼されているという何よりの証拠**です。

たとえば、職場でExcelの使い方についてよく聞かれる人は、Excelの操作が得意な人だと認識されており、そこに強みをもっているはず。

「今度、取引先とランチをするんだけど、どのお店に行ったらいいかな?」とよく聞かれる人は、飲食店情報に詳しい人であると認識されています。

「え? そこまで詳しくないし、強みといえるほどのレベルではないんだけど……」と思いたくなるかもしれません。

では、逆の立場になって考えてみましょう。

あなたが困ったとき、助けてほしいとき、誰の顔が思い浮かびますか?

思い浮かんだ人のことをあなたは信頼しているはずですし、その分野に関して、少なくとも自分よりは知識があり、強みがあると思っているはずです。

高いところにある物を取りたいときには、背が高い人にお願いしますし、重い物を運ぶ手伝いをしてほしいときには屈強な体格の人に声を掛けます。

要するに、**人は頼りがいのある人にしか頼らない**のです。

ですから、他人から頼られていることがあるならば、それを素直に喜びましょう。

「観光地に行くと、見ず知らずの人から『写真を撮ってください』と声を掛けられる」そんなささいなことでも、あなたが優しく親切そうに見えることを教えてくれます。**あなたは人から必要とされている人です。**自分に価値がないなんて、絶対に思わないでください。

人からよく頼まれることを思い出せば、自分の強みに気づき、**自然と自己肯定感も高まり、行動力につながっていく**はずです。

Point

頼られているということは、自分が信頼されているという何よりの証拠

Method 7

理想の一日スケジュールを書く

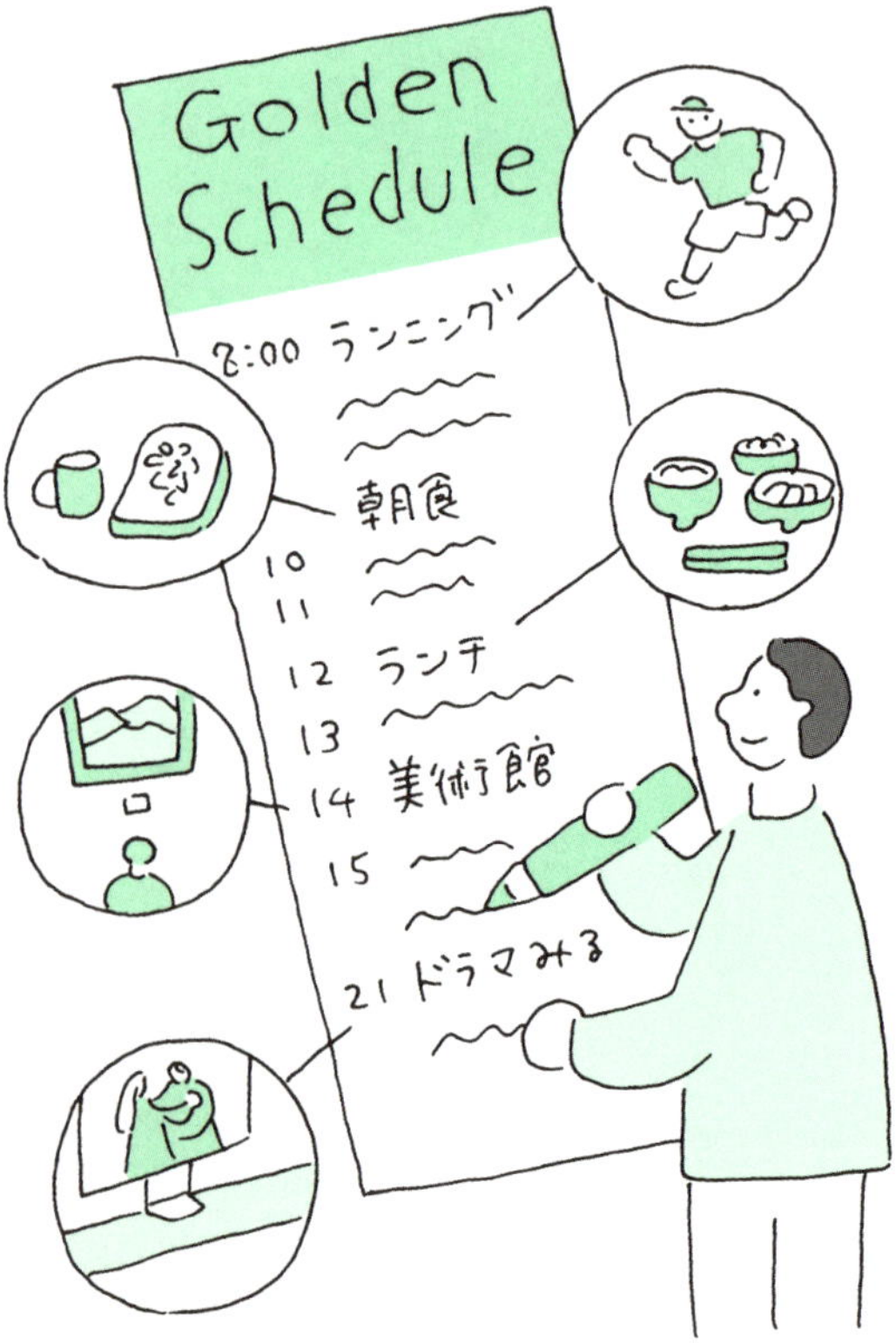

そうしないと…

- 「自分のやりたいこと」がわからない
- ただ、ぼんやりと生きることになる

行動できない人に共通する心理として、そもそも**「やりたいことがわからない」**ということがあります。「やりたいことがわからない」には、自分の思いがぼんやりしていて見えにくいケースもあれば、思いが日々変化していて、どれが本当の気持ちかわからないケースもあるでしょう。

「やりたいことがわからない」と悩む人にお伝えしたい、とっておきの解決法があります。それは、**理想の一日スケジュールを書く**という方法です。

仕事では、スマホアプリや手帳などに、タスクやToDoを書いて管理している人が多いと思いますが、理想の一日スケジュールは、それらとはちょっと違います。

ToDoリストが〝やらなければいけないこと〟なのに対して、理想の一日スケジュールは〝やりたいこと〟を書くのです。

まっさらな状態からやりたいことを考えるのは難しくても、「理想の一日」という条件をつけると、かなり考えやすくなると思います。

仕事のある日でも、休みの日でもかまいません。とにかく自分が理想だと思う一日の過ごし方を、時系列で書き出してみましょう。**やらなければいけないことではないので、必ずしもその通りに過ごさなくても問題ありません。**

たとえば、朝起きて、お気に入りの服に着替えて外出する。友だちと待ち合わせをして、まずはホテルで朝食をとり、そのあと映画館で映画を観る。カフェでコーヒーを飲みながら映画の感想を語り合う……といった具合です。

私は、理想の一日スケジュールを考えることが大好きです。

「高級ホテルのラウンジで、経営者や著名人、芸能人にコーチングをして、誰にも話せなかった悩みや課題を解決している」

そんなふうに考えるとワクワクします。

家族や友人とテーマパークに遊びに行くという想定にすると、もっと現実的に理想のスケジュールを組み立てられるかもしれません。

「まずはこのアトラクションに並んで、次にショーの予約を取り、次のアトラクションを回って、ランチはこのお店……最後にお土産物屋さんで目当てのお土産を買う」

文字で書くだけでなく、持ち物や服装のイラストなどを描くとイメージが膨らみます。「旅のしおり」を作るような感覚です。

実際に組み立てたスケジュール通りにテーマパークで遊ぶのもおすすめです。スケジュールがあると行動的になりますし、同じ一日でも3日分遊んだくらいの充実感で満たされます。


理想の一日スケジュールを書き出すと、自分の興味の対象や価値観に気づきます。

テーマパークの過ごし方でいうなら、ひたすらアトラクションに乗りたい派の人と、パレードを楽しみたい派の人では、興味や価値観が異なるわけです。

自分の興味や価値観に気づくことから、少しずつ自分がやりたいことが明確になります。つまり、**理想のスケジュールを書き出すことは「自分が主体的に行動できることとは何か」を考える、格好のトレーニング**なのです。

Point

理想のスケジュールを考えると、「主体的に行動できることとは何か」が見えてくる

Method 8

「プラス目的」に変える

そうしないと…

- 恐れる方向に潜在意識が引き寄せられる
- 心も体も疲弊し、不安から抜け出せない人は目的があると、その**目的を達成するための方法**を見つけようとします。

ただし、その**目的のきっかけが「愛」からくるのか、「恐れ」からくるのかによって、行動のモチベーションには大きな違いが生まれます。**


わかりやすい例を挙げましょう。

「このまま何もしないでいたら、急に会社が倒産したりAIに仕事が奪われたりしたときに食べていけなくなる。だから、今のうちに資格を取っておこう」

これは典型的な、恐れをきっかけとする行動です。

世の中には不安を煽って、恐れに起因して行動を促すメッセージがあふれています。

あなたも、テレビや新聞、広告などで不安を回避するための商品情報を目にしたことはありませんか？

不安や迷いなど、人の恐れにつけ込んだビジネスが存在するのは事実です。なぜなら、相手の困りごとを解決することは、格好のビジネスになるからです。

しかし、**恐れに起因したモチベーションは長続きしません。**

その理由の一つは、**恐れをもち続けるうちに、心も体も疲弊してしまう**からです。

もう一つの理由は、**恐れていた方向に潜在意識が引き寄せられてしまう**からです。

老後の備えのために、ひたすらお金を貯めて資産を運用すればハッピーになれるかというと、実はそうとも限りません。

潜在意識が恐れに引き寄せられているせいで、「やっぱり、まだまだ安心できない」「もっとお金を貯めておかないと困る」などと、いつまでも不安から抜け出せなくなるからです。


一方、**愛を目的にすればモチベーションが上がるだけでなく、長く維持できる**ようにもなります。愛を目的にするとは、**プラスの目的をもつ**ということです。

たとえば、「老後に、夢だった世界一周旅行を実現したい」と考えれば、そのために前向きにお金を貯めようと頑張ることができます。

「資格を生かして起業しよう」と思えば、資格取得のための勉強にも力が入ります。

「素敵な服を着てお洒落を楽しみたい」という人は、ダイエットのやる気も上がるはずです。

まずは、**ワクワクするような理想の目的**を設定しましょう。

行動できる人は、プラスの目的に向かって動いています。また、恐れに左右されることのない、確たる自分をもっています。

たとえば、気が乗らない集まりに誘われたときに「断ったら、この人との関係が気まずくなるかな」などと、不安に思うことはありません。

「早く断ったほうが、別の人を探しやすくなるよね」と考えることができるので、きっぱりと断ることができます。相手のことを思うからこそ、愛をもって断ることができるのです。

プラスの目的を意識すれば、行動の仕方や行動力が大きく変わっていきます。

Point

ワクワクするような目的を設定しよう

Method 9

突然のお誘いに乗ってみる

そうしないと…

- チャンスをモノにできず、出会いや運も味方にできない
- 変化のない毎日を送ることに…

目先のことにとらわれていると、せっかくのチャンスに気づけない、ということが起こり得ます。

たとえば尊敬している人や、お世話になっている上司や先輩から急なお誘いを受けたときに、「お金がないから」「時間がないから」などを理由に断っていませんか？

お誘いを受けることで、もしかしたら**新たな出会いや運がめぐってくるかもしれないのに、簡単に断ってしまうのはもったいない**ことです。

事情はいろいろあるにせよ、突然のお誘いには、声を掛けてもらった理由があるかもしれないので、否定せず遠慮せず、まずは相手の気持ちを受け入れてみましょう。

行動できる人はフットワーク軽く行動し、たくさんのチャンスをつかんでいます。

ランチに誘われたら行ってみる、映画に誘われたら調べてみる。

「今日のライブのチケットが余っているんだけど、どう？」と言われたら、「もともと誰と行く予定だったんだろう……？」などと詮索せずに、誘ってもらえた喜びを感じましょう。

そのくらいのフットワークの軽さが大事です。

誰だって、苦手な人をあえて誘おうとは思いません。

あなたを誘っている人は、誰彼かまわず誘っているわけではなく、多少なりとも**あなたに好意を感じているから誘っている**わけです。

ならば、行けるかどうか考えるのはあとにして、素直に好意を受け取りましょう。

人があなたを誘ってくれることには、何かしらの意味があるはずです。

即答できないときは、とりあえず**誘ってくれた理由を聞いてみる**のもいいかもしれません。すると、

「いや、あなたに紹介したい人がいるんだよ」

「この勉強会、あなたがやりたいことにつながると思って……」

といった答えが返ってくるかもしれません。

理由を知ると、参加へのモチベーションが上がります。

誘いを断るにしても「今日は行けないのですが、次の機会があったら、一番に声を掛けてください」というように、次につながるアクションをとることもできます。

私はかつて、コーチングの師匠に誘われて、師匠が取材を受ける場に何度か同行したことがありました。あるとき、誘われる理由を尋ねたところ、

「だって、いてくれたほうが僕も話しやすいんだよ。よく頷いてくれるし、リアクションが大きいから、場が盛り上がるんだよね！」

という答えが返ってきて、驚いたことがあります。一方で、この師匠の言葉に、私は自分の強みを教えてもらったような気がしました。

師匠は、ただの盛り上げ役として私を誘ってくれたわけではありません。**師匠は私にチャンスを与えてくれた**のです。**師匠に同行したことで、いろいろなお話を聞くことができましたし、人との出会いも広がりました。**

誘われたら、とりあえず乗ってみる。それだけで**出会いと運を味方にする**ことができます。私の経験からも断言します。

Point

尊敬している人や目上の人のお誘いはチャンス。積極的に乗っかってみよう

Method

10

尊敬する人の視点で考える

そうしないと…

- 「できない」理由ばかりが頭に浮かぶ
- 一生、一歩を踏み出す勇気がもてないままに・・・

行動できない人は、**「自分にはできない」という思い込み**にとらわれています。思い込みが行方をさえぎる高い壁となり、できない理由ばかりが頭に浮かぶようになっているのです。

そんな思い込みからは、思い切って距離をとりましょう。

思い込みから距離をとるためには、**自分の視点で考えるのではなく、自分以外の誰かの視点をもってみる**という方法がおすすめです。

自分以外といっても、誰でもいいというわけではありません。

「この人って素敵だな」

「こういう考え方ができるなんて、尊敬できるなあ」

そんなふうに思える**憧れの人を選ぶのがポイント**です。

職場の先輩や上司など、身近にいる素敵な人でもいいですし、歴史上の偉人や芸能人、インフルエンサーなどでもかまいません。

自分より行動できている、先を行っていると思う人の視点を借りるつもりで、「こ

の人だったらどうするかな、どう思うかな」と考えてみるのです。

あるいは、シチュエーションに応じて、いろいろな視点を使い分けるのもよいでしょう。

尊敬する人の視点で考えると、**視野と行動範囲が広がったような感覚**が生まれます。

また、その人の口ぐせや行動パターンが思い浮かぶかもしれません。

尊敬する人の行動パターンに照らし合わせると、**「できない」と思い込んでいたことが、「できるかも」と思える**ようになります。また、尊敬する人からもらったヒントをもとに「自分に何ができるだろうか」と考えて、実践のための工夫ができるようになったり、やるべきことが明確になったりします。

この「できるかも」「どうしたらできるかな?」という思考が、「やってみたい」「やってみようかな」という思いに変化すれば、**勇気をもって一歩を踏み出せる**ようになるのです。

ほかにも、好きな漫画や小説、映画の登場人物のセリフや考え方をヒントにするのもいいですね。

たとえば、漫画『SLAM DUNK《スラムダンク》』の安西先生でいうと、**「あきらめたら そこで試合終了だよ」**という有名なセリフがあります。

このひと言を自分に置き換えるだけでも、勇気がわいてきませんか？ 「試合終了なんて嫌だ、まだあきらめたくない！」と。

私たちは映画やドラマ、小説の主人公などに感情移入をして、一緒に泣いたり笑ったり、強くなれるような気分を味わうことができます。架空の出来事だとわかっていても、心が揺さぶられるのです。

この**「共感力」**を上手に使いましょう。そうすれば、**行動を邪魔するやっかいな思い込みをキレイに捨てることができるはずです。**

Point

視点を変えれば、「できない」という思い込みを捨てられるようになる

チャレンジしたいのに、

「やっぱり無理」「自分にはできない」

と、ついストップをかけてしまう……。

そんな「心のブレーキ」を外すには、
潜在意識のしくみを理解する必要があります。

第2章

誰でも「すぐやる人」になれる！
潜在意識を味方にする「心のブレーキ」の外し方

行動できない人は、
自分の心にブレーキをかけているだけ。
ブレーキの外し方がわかれば
行動力は一気に上がる！

挑戦したいことがあるのに「私には無理」「できない」と思ってしまう人が、「楽しそうだから、やってみよう！」と楽観的に捉えられるようになるには、思考と行動の「しくみ」を理解する必要があります。

しくみを理解しないまま、やり方や戦略だけ学んでも、課題に直面したり、つまずいたりしたときに柔軟に対応することはできません。

「やっぱりできない」と思うようになり、継続して行動することができなくなるのです。

この章で知っていただきたい思考と行動のしくみとは、**無意識のうちに私たちの心の中で作動してしまう「ブレーキ」の存在について**です。

たとえば私たちがクルマを運転するとき、闇雲にアクセルを踏んでも前には進みません。まずは、エンジンをかけ、ブレーキペダルを踏み込んでパーキングブレーキを解除する必要があります。

人が行動するときも、これと同じです。

チャレンジしたい気持ちはあるのに、心のどこかに「私には無理だ」「できない」と思うブレーキがかかっていることがあります。

まずは、そのブレーキを外すのが先決です。

あなたは、無意識のうちに「自分にはできない」と決めつけて、チャレンジすらしていないことがありませんか？

「やりたいのに、我慢してしまう」

「始める前からあきらめてしまう」

そんなふうに行動することから逃げだしてしまう原因は、過去の経験にもとづく固定観念や偏見、間違った思い込みにあります。それらがストッパーやブレーキとなって、私たちの行動を邪魔するのです。

自分の心のブレーキに気づく言葉は、次の5つです。

「でも」「どうせ」「だって」「だめ」「できない」

すべて、アルファベットのDから始まるので、私はこの5つを〝5D〟と呼んでいます。

これらの5Dの言葉が出てくるのも、「できない」が「できる」に変わるのも、ちゃんと理由があります。

心のブレーキを外し、新しい経験からの学びができてこそ、私たちは**自己成長を実感**することができます。そうして初めて、**人は自己肯定感に満たされ、次の挑戦に対しても前向きになれる**のです。

心にブレーキをかけたままでは、「できない」が「できる」に変わることはありません。

この章では、思考と行動のしくみを知り、「できない」という思い込みやマイナス思考を取り除くことで、あなたの心の中にあるブレーキを一緒に外していきましょう。

それだけで、あなたの行動力は一気に上がります。

Method 11

思考の鎧《よろい》を脱ぎ捨てる

そうしないと…

- 鎧が自分の一部になってしまう
- タラレバ思考に取りつかれ、行動力が低下する

初級 ★☆☆	中級 ★★☆	上級 ★★★
タラレバ思考を受け入れる	タラレバ思考を手放して得られるものをイメージする	やりたいことを実現している「理想のモデルケース」を探す

無意識のうちに「できないこと」を探し、何かにつけて「できない理由」を持ち出していませんか？

「できない理由」は、思考の鎧《よろい》です。

重くて堅い鎧を全身にまとっている自分を、イメージしてみてください。

鎧で自分を守ろうとしたつもりが、事あるごとに鎧を追加していくうちに、身動きがとれなくなってしまう。次第に、鎧と完全に一体化してしまい、鎧すら自分の一部になってていないでしょうか？

行動できる人は、やりたいことに対して鎧がなく、とても身軽です。身軽だから、必要なタイミングで動くことができるのです。

あなたも、今すぐ、自分を縛っている鎧の存在に気づきましょう。鎧を脱ぎ捨てて、身軽な自分を取り戻すのです。

「もし○○だったら」「あのとき、○○していれば」のように、まだ起きていないことを気に病んだり、すでに終わったことをいつまでも引きずったりする〝タラレバ思考〟はあなたの行動力を低下させます。また、クリエイティブな発想を邪魔します。

「もし親の介護で時間がとれなくなったら……」

「もっと会社の理解があれば……」

こんなタラレバ思考の言い訳があふれてきそうになったら、すぐさまその言い訳をストップしましょう。完全に言い訳をやめるのが難しかったら、ちょっとやめてみる、くらいのスタンスでもかまいません。

初級 タラレバ思考を受け入れる

初級では、タラレバ思考の言い訳をしている自分を、**否定せずに受け入れる**ところから始めます。タラレバで考えてしまっても大丈夫。**自分の中にタラレバ思考があるという事実を認める**だけでも、大きな前進です。

中級 タラレバ思考を手放して得られるものをイメージする

次に、タラレバ思考を手放したら何ができるかを考えます。たとえば「小さい子どもがいるから、英語の勉強ができない。時間があればできるのに」と言い訳しているなら、「子どもがいなかったとしたら、実際にどうするか」「子どもを一時保育に預けてみたらどうなるか」などを考えてみます。

実際に子どもを預けてください、ということではありません。**思考のトレーニング**をするつもりで、自由に発想を広げてみましょう。

上級〉やりたいことを実現している「理想のモデルケース」を探す

前述の例であれば、子育てをしながら英語を勉強してスキルアップしている理想のモデルケースを探してみます。そのモデルケースがどのように過ごしているのかに興味をもって、調べてみましょう。

ご本人と直接お話ができれば、もっとよいですね。「どんな工夫をしているんですか？」などと質問をすれば、貴重なヒントが得られるはずです。

Point

まずは、言い訳をしている自分に気づくことから始めよう

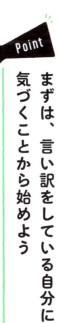

Method 12

明日に回さず、今やりたいことを一つやる

そうしないと…

- やろうと思ったことが手つかずのまま、やる気も失せる
- 「いつか」「今度」が永遠にやってこない

初級 ★☆☆	中級 ★★☆	上級 ★★★
その場でスケジュールを相談する	日程と場所を決める	即座にお店に予約を入れる

「明日からダイエットを始める」と言いながら、おいしいものをたくさん食べてしまう。翌日になったら、「今度こそ明日からダイエットする」と言い、やっぱり、いつものように食べてしまう……。

あなたも、こんな経験がありませんか？（何を隠そう、かつての私がまさにそうでした）。

でも、いつかやろう、今度やろうと考えているだけでは、「いつか」「今度」は永遠にやってきません。

やろうと思ったことが手つかずになると、時間とともにやる気が失われていきます。「できなかった」と自分を責める気持ちも芽生えてしまいます。

ですから、いつかやろう、今度やろうという考えを手放しましょう。**明日に回すのをやめて、今やりたいことを何か一つ始めてみる**のです。

たとえば、友だちや職場の同僚と話をしていて、「一緒にランチに行きたいね」という話になったとします。そんなときは、「また今度行こう」で終わらせず、できることを考えて動いてみてください。

初級 その場でスケジュールを相談する

まずは手帳やスマホを取り出して、カレンダーやスケジュールアプリを開きます。それを見ながら「いつにする？」「どのお店に行く？」などと相手に尋ねましょう。

中級 日程と場所を決める

相手と話をしながら、具体的な日程や場所を決めます。日程や場所が決まれば、8割方、ランチは実現したも同然です。

上級 即座にお店に予約を入れる

ここですぐにお店に予約をしてしまえば、万全です。セッティングは完了しました。

スマホを取り出して「いつにする？」と聞いたら、相手が困った様子を見せたり、やんわり断られてしまったり、ということもあると思います。

それはそれでOKです。相手は、会話を盛り上げるために話を合わせていただけかもしれませんし、相手にも都合がありますから、断られても何ら問題ありません。

大事なのは、あくまでも自分の行動です。スマホを取り出して「いつにする？」と聞けただけでも、立派な行動力です。**行動できた自分を認め、肯定しましょう。**

私の場合、コーチングを継続的に行っているクライアントに対して、コーチングを始める前に「次はいつにしますか？」「次回の日程を決めておきましょうか？」と、確認しています。うっかり次の日程を確認し忘れて、次回までの期間が開いてしまうと、クライアントのモチベーションが停滞してしまうおそれがあるからです。

「引っ越ししたいと思ったら、まずネットで物件を検索してみる」
「英語を勉強したいと思ったら、書店でテキストを探してみる」
とにかく、今日からできることを考えてやってみる姿勢が肝心です。

Point

「今度、ランチに行こう」と言われたら、その場で日程を決めてしまおう

Method 13

二者択一を迫られたら、両方得る方法を考える

そうしないと…

- 失うことを恐れて、決断できない
- 悩むだけで、何も成し遂げられない

初級 ★☆☆	中級 ★★☆	上級 ★★★
ワクワクするほうを選ぶ	冒険心をもって、やったことがないほうを選ぶ	二者択一の場合、両方得る方法を考える

「仕事を頑張るか、子育てに集中するか」「会社員を続けるか、起業するか」「東京で働くか、地方で働くか」……。

こういった二者択一を前に、どちらを選んだらよいのか迷っている人がいます。一つの選択肢を選ぶと、もう一つの選択肢はあきらめることになります。あきらめることで失うものを考えると、なかなか決断できなくなります。

結局、悩むだけで手つかずのまま。そんな人が少なくないと思います。

でも、本当にどちらか一つを選ばないといけないのでしょうか。どちらか一つしか選べないというのも、思い込みによるものではないでしょうか？

たとえば「二兎《にと》を追う者は一兎《いっと》をも得ず」ということわざがあります。私はこの言葉は〝昭和アプリ〟だと思っています。昭和時代にインストールされた、まるでアップデートされていない発想ということです。

どちらか一つを選ばなければいけないという考え方は、幼少期に刷り込まれた可能性があります。実際、昔は洗濯や掃除、料理などの家事に、今よりもはるかに時間がかかりました。仕事と家庭の両立が難しかったのも事実です。

しかし、今は家電も進化しています。タイマー機能を使えば、ご飯を炊くことができ、洗濯から乾燥だってできます。ロボット掃除機も普及しています。

今や**「二兎を追う者だけが二兎を得る」**時代です。一つだけを選ぶ昭和アプリは、今すぐアンインストールしてください。

私は先日、子どもたちを連れてテーマパークに行ったのですが、駐車場に一人残り、車の中でパソコンを開き、オンラインでコーチングの仕事をしました。テーマパークでは遊びに徹するのが世の常識ですが、私にとっては子どもと遊ぶ時間も仕事をする時間も、両方大事です。そのため、一部の時間を仕事に充てたのです。そのような選択をしても、家族からは文句一つ言われたことがありません。

「二兎を得るにはどうすればいいか」を考えれば、必ず方法が見つかるのです。

初級 ワクワクするほうを選ぶ

二者択一で悩んだときは、ワクワクするほう、ときめくほうを選んでください。

たとえば、コンビニでアイスを買うとき、いつもなら買わない高級アイスを手にしてみましょう。これがワクワクするほうを選ぶ訓練となります。

中級 冒険心をもって、やったことがないほうを選ぶ

カフェや飲食店で、いつものお決まりのメニューではなく、時には違うメニューを選んでみてください。それだけでも、自分の視野が広がります。

上級 二者択一の場合、両方得る方法を考える

中級までトレーニングできたら、次は、両方を得るトレーニングです。ランチで食べたいメニューが二つあったら、一緒に行く人を誘って、相手に「シェアしない？」と声を掛けてみるなど、両方を得るための工夫を考えて行動します。

ここまでくれば、二兎を得る感覚が徐々に身についてくるはずです。

Point

どちらか一つを選ぶという発想を捨てよう

Method 14

今できることをやる

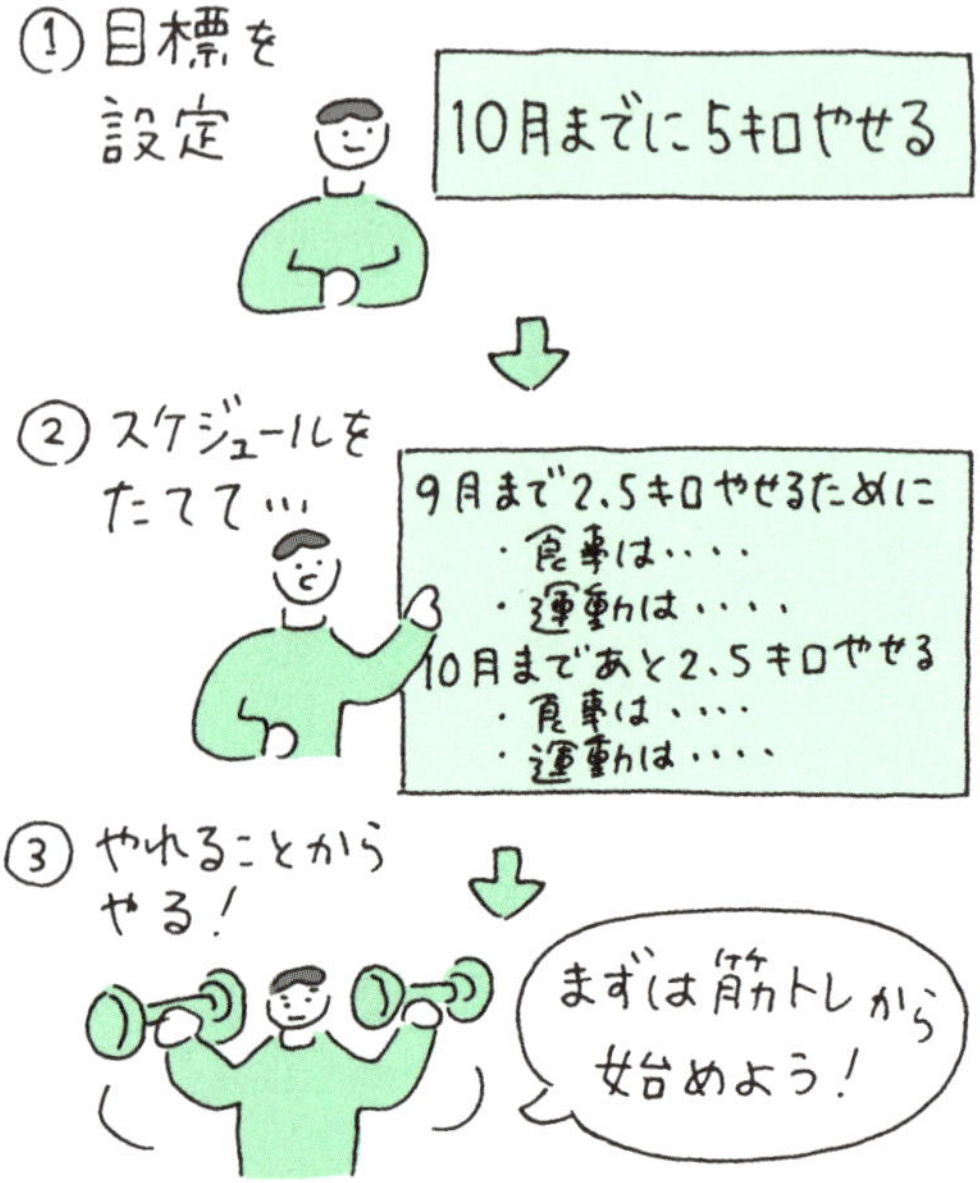

①目標を設定
10月までに5キロやせる
②スケジュールをたてて…
9月まで2.5キロやせるために
・食事は…
・運動は…
10月まであと2.5キロやせる
・食事は…
・運動は…
③やれることからやる!
まずは筋トレから始めよう!

そうしないと…

- 成果が出ていないことに焦りを感じ、やる気を失う
- 次の挑戦に対するモチベーションが湧かない

初級 ★☆☆	中級 ★★☆	上級 ★★★
期限と望む結果を書き出す	逆算のスケジュールを書き出す	今すぐ、できることをやる

行動している割には成果が出ないとき、私たちは「何もできてない」と焦りを感じ、自信を失いそうになります。

たとえば、「運動しているのに全然やせない」とか「宣伝しているのに集客できない」など、**成果を出すことに意識が向きすぎているせいで、成果が出ないことに焦って、やる気を失ってしまう**ケースが多いのです。

しかし、**冷静に過去からの歩みを振り返ると、できていることは結構あるもの**。

ダイエットをするために運動しようと考え、ランニングシューズを買った。買ってきたランニングシューズを履いて、外を走ってみた。それだけでも十分な行動力です。29ページで、1年前の手帳を見て「できていること」を見つけましょう、とお伝えしましたが、ここでもう一度「できていること」に目を向け、自分の成長を感じてください。**成長を実感することが、次の挑戦に対するモチベーション**となります。

過去を振り返って成長を実感したら、今度は未来に目を向けます。**未来に向けて、再スタートを切りましょう。**

初級 期限と望む結果を書き出す

今取り組もうとしていることの期限と、望む結果を書き出してみましょう。ダイエットであれば、「10月までに5キロやせる」などです。これは、自分にプレッシャーを与えるためではありません。考えて、決めて、書いたことが、すでに大きな行動になっています。**行動できている自分**を感じてください。

中級 逆算のスケジュールを書き出す

今度は、逆算でスケジュールを書き出しましょう。

今が8月で、2カ月後の10月に5キロやせていたいのなら、1カ月で2・5キロ落とさなければならないとわかります。このスケジュールと、どんな取り組みが必要なのかを書き出していきます。

5キロやせようとする場合と20キロやせようとする場合では、取り組み方がまったく違ってきます。走る、ジムでトレーニングをする、食事制限を行うなど、具体的な行動をいくつか考えてみましょう。

上級 **今すぐ、できることをやる**

中級までの情報を踏まえ、今すぐできることを実行に移します。

あとは**「できることをやる」をひたすら繰り返す**だけ。繰り返すときには、最初にお伝えしたように、できないことに目を向けるのではなく、**「できたこと」を認めて自分を肯定**してください。

自分を肯定して、次のできることに取り組む。

小さなことでもいいので、これを意識すれば、ネガティブなマインドに惑わされることは減っていきます。そうすれば、必ず物事は前に進むのです。

Point

できないことに目を向けるより、「できたこと」を認めて自分を褒めよう

Method 15

嫉《しっ》妬《と》を感じる人を書き出す

そうしないと…

- 心がモヤモヤ、ザワザワしたままになる
- 自分の本心に気づけず、成長のきっかけをつかめない

初級 ★☆☆	中級 ★★☆	上級 ★★★
羨ましいと思っている自分の感情に気づく	羨ましいと感じるポイントを書き出す	可能性の扉として受け入れる

「SNSで知人や友人が活躍している様子を見て、羨ましいなと思う」

「職場の同僚が上司から褒められているのを見て、素直に喜べない自分がいる」

そんなふうに嫉妬《しっと》を抱え、心がモヤモヤしてしまうこと、ありますよね。


実は、**嫉妬の気持ちには、自分が成長するための大事なサイン**が隠れています。

嫉妬している相手は、「自分には無理、できない」と思えるようなことを、鮮やかに実現しています。今の自分はそんなことできないけれど、本当は、その人と同じように活躍できる力があることを知っている。だから嫉妬するのです。

たとえば、歌が好きで歌唱力に自信をもっている人が、友だちと一緒にカラオケに行って、その友だちが上手に歌っているのを聴くと嫉妬するかもしれません。でも、紅白歌合戦に出場する歌手が歌っているのを聴いて、嫉妬することはありません。

それは友だちの歌唱は自分にも手が届きそうなレベルである一方、プロの歌唱はあまりにもレベルが違うので、嫉妬の感情すら芽生えないのです。

つまり、**私たちの嫉妬の感情は、一見無理そうに思えて、頑張ればできそうなことを教えてくれる**のです。嫉妬する相手に、あなたの「なりたい自分」が隠れています。

嫉妬の感情が教えてくれるのは、ただ行動できていないという事実なのです。

私はこの心のしくみを知っているので、嫉妬を感じたときにネガティブな気持ちになることはありません。たとえばＳＮＳで、知人が本を出版してベストセラーになっているのを見ると、その瞬間は嫉妬を感じて、心がザワザワするかもしれません。

でも次の瞬間、「ああ、これが本当のなりたい自分なんだな」と受け止めることができるので、素直に祝福のコメントをしたり、心から応援することができます。

「嫉妬する人＝なりたい自分」だと思えば、ＳＮＳでいろんな人の活躍を見るのも嫌ではなくなります。**嫉妬の感情を成長のヒントが見つかるきっかけとして、その感情すら行動のきっかけに変える**のです。

初級 羨ましいと思っている自分の感情に気づく

まずは、羨ましいと思っている自分に気づきましょう。その人に対して嫉妬している自分を否定せず、認めてください。**嫉妬は気づきのサインですから、自分の本心と向き合うきっかけができた**と思うことです。

中級 羨ましいと感じるポイントを書き出す

次に、その人のどこが羨ましいのか、ポイントを書き出してみます。**書き出すことで自分の「できない」という思い込みに気づく**ことができます。また、羨ましいと思うポイントに、「なりたい自分」のヒントを見つけることができます。

上級 可能性の扉として受け入れる

その嫉妬のポイントを、「自分もできるようになったとしたら？」と考え、目標にしてみましょう。**嫉妬している原因は、自分の可能性の扉**でもあります。扉を開け、可能性に向かって進んでいくイメージが大事です。そして、その未来を実現するために今、できることは何だろう？　と考えてみましょう。

Point

嫉妬は成長のヒントを見つけるチャンス。自分の嫉妬感情と向き合ってみよう

Method 16

小さな達成感を味わう

そうしないと…

- 心にストッパーがかかったまま、一歩を踏み出すことができない
- 自分を認めることができず、自己嫌悪のスパイラルに

初級 ★☆☆	中級 ★★☆	上級 ★★★
行動目標を設定する	目標達成のご褒美を設定する	目標を達成し、ご褒美を受け取る

行動力を高めるためには、**達成感を味わう**ことが大切です。
達成感を得ると、人の脳内にはドーパミンが分泌されます。**ドーパミンは快感をもたらすだけでなく、次の達成感を得るためのやる気を高め、無意識のストッパーを外す力**になってくれます。

達成感というと、何かすごいことを成し遂げたときに感じるもの、というイメージがあるかもしれませんが、そんなに大げさに考えなくても大丈夫。まずは、**小さな達成感を味わう**ところから始めましょう。

達成感を味わうためのコツは、**ちょっとしたご褒美を設定**することです。そうすると、「できたとき」と「ご褒美を受け取るとき」の2回、達成感を味わえます。
自分で目標を設定し、達成した自分を喜ばせることができれば、他者から褒められなくても目標を達成しようとするマインドが培われます。

初級〉行動目標を設定する

目標とする行動を考えて設定しましょう。たとえばブログを500文字書く、企画書のテーマを考え下書きする、資格試験の問題集を3ページ解くなど、一定の時間でできる**小さな目標**を考えてみてください。

中級〉目標達成のご褒美を設定する

次は、初級の目標を達成したときのご褒美を設定します。コーヒーをお気に入りのカップで飲むとか、気になっていたカフェに行くなど、**ちょっと気分が上がるようなご褒美**を考えましょう。

実は、ご褒美を設定すること自体がワクワクする行為であり、ポジティブになれます。ご褒美を決めることで、行動のモチベーションを引き出せるようになるのです。

普段何気なく食べているチョコレートやお菓子も、ご褒美にすると、より特別感が出て、味わい深いものになります。

上級〉目標を達成し、ご褒美を受け取る

設定した目標を達成したら、中級で設定したご褒美を受け取ります。

目標を達成してご褒美を受け、達成感を味わうことが習慣化されると、**毎日が楽し**

い自己実現の連続になります。

そのあとは、もっと大きな目標を設定し、大きなご褒美を設定するのもよいでしょう。たとえば、資格試験の合格を目標にして、ご褒美は温泉旅行にするなど、考えるだけでワクワクしてきませんか？

このように、ご褒美を考えていると、**思考をプラスに働かせることができて、それ自体がイメージトレーニング**になります。「ご褒美は何がいいかな？」「何にしようかな？」と自分自身に問いかけることで、興味・関心が自分に向くようになります。

自己対話の時間をもつことで、自分が求めていたものや大切な価値観を再確認することができるのです。

毎日の自己実現を楽しみながら、心のブレーキを外し、どんどん行動力を高めていきましょう。

Point

小さな行動を積み重ね、小さな達成感を味わうことから始めよう

Method 17

「やる気スイッチ」を見つける

そうしないと…

- やる気を失ってテンションがダダ下がり
- 何に対しても無気力状態

初級 ★☆☆	中級 ★★☆	上級 ★★★
自分の「やる気スイッチ」を見つける	「やる気スイッチ」を用意する	「やる気スイッチ」を活用する

最初はやる気がみなぎっていたのに、時間とともにテンションが下がってしまうというのは、誰にでも起こり得ることです。

気持ちが切れそうになったり、あきらめたくなったりしたら、モチベーションを高めるためのしくみを活用しましょう。**「やる気スイッチ」を見つけ、いつでも好きなときにスイッチを入れられる状態にしておく**のです。

「やる気スイッチ」となるものは、人によってさまざまです。偉人の名言でテンションが上がる人もいれば、好きな音楽を聴いて気持ちを奮い立たせる人もいます。

あるいは、「やる気スイッチ」が入る勝負服もあるでしょうし、元気になれるパワースポットもあると思います。

私の場合でいうと、スターバックスに行くと気持ちが上がります。特に書店が併設されているスタバが大好きで、本に囲まれて座っているだけでワクワクしてきます。

実は、前著の『「なりたい自分」へ加速する　問いかけコーチング』（三笠書房）はスタバの店内で一気に書き上げたものですし、本書も行きつけのスタバで書いています。

ほかには、東京タワーを見ることも大好きです。東京タワーは高度経済成長期における日本経済の発展の象徴です。どんな思いを込めて建てられたのだろう？　と想像をめぐらしながら東京タワーを見ると、「よし、私も頑張ろう！」と思えるのです。

初級　自分の「やる気スイッチ」を見つける

まずは、あなたの**「やる気スイッチ」**を見つけましょう。なかなか思いつかないという人は、**五感を刺激するものの中から探す**と見つかりやすいかもしれません。

視覚であれば写真や絵画、映像、風景などがありますし、聴覚は音楽やラジオ、友人とのオンライン通話などがあります。触覚でしたら洋服やぬいぐるみ、クッションなどを触ることに加え、動物と触れ合うことで癒やされる人もいると思います。

味覚はコーヒーなどの飲み物から、スイーツなどの食べ物など、好みは多種多様ですし、嗅覚に関してはアロマやお香なども挙げられます。

人によって敏感な感覚はそれぞれ違いますから、**自分にとって気持ちを落ち着かせたり、やる気がみなぎってくるようなもの**を探してみてください。

中級　「やる気スイッチ」を用意する

初級で見つけた「やる気スイッチ」の中から、**手元に用意できるものを、いつでも使える状態にしてスタンバイ**しておきましょう。

さすがにスタバやパワースポットを手元に置くことはできませんが、お香を焚《た》くとか、コーヒーを淹《い》れる、映画のチケットを予約するなど、いくつかのバリエーションで用意しておけば、必要なときにいつでも「やる気スイッチ」を入れることができます。

上級〉「やる気スイッチ」を活用する

では、実際に「やる気スイッチ」を発動しましょう。

「やる気スイッチ」を入れたときに**「スイッチを入れたからもう大丈夫。よし！やるぞ！」**と思い込むのも大事なポイントです。ある種の自己暗示ですが、効果は抜群です。ぜひ、やってみてください。

Point

「やる気スイッチ」は、五感を刺激するものの中から探すと見つかりやすい

Method 18

気持ちが沈んでいるときは まず動いてみる

そうしないと…

- 思考が停滞して、心のブレーキを踏みっぱなし
- マイナス感情にのまれて、ますます動けなくなる

初級 ★☆☆	中級 ★★☆	上級 ★★★
沈んでいる気持ちを書き出す	実際に体を動かす	前向きなアウトプットをする

気持ちが沈んだとき、沈んだ感情をそのままにしてはいけません。**沈んだ感情を放置していると、思考が止まり、心のブレーキは踏みっぱなしの状態になります。**

沈んだ感情に流されるのを防ぐ方法を、お伝えしましょう。それは**「体を動かすこと」**です。文字通り、物理的に体を動かすのです。

体を動かすことには、大きな意味があります。**体を動かすと、脳に刺激が与えられ、思考が働き始めます。目に見える景色が変わり、発想や気づきにも変化が生まれます。**

気持ちが沈んだときこそ、今の場所から立ち上がり、一歩、踏み出してください。体を動かすことで、間違いなく行動力は上がります。

初級 沈んでいる気持ちを書き出す

落ち込んだとき、やる気がなくなったときは、その感情を書き出してみましょう。

最初に**自分の感情を客観的に見つめる**ことが大事です。手を動かして感情を書き出している時点で、澱《よど》んだ気を動かす取り組みは始まっています。

中級 実際に体を動かす

自分の感情を客観的に見つめた上で、実際に体を動かしてみてください。感情を好転させようとか、原因を追求しようとか、問題を解決しようなどと考えなくても大丈夫。**ただ体を動かすだけでかまいません。**

ひと言で「体を動かす」といっても、方法はいくつかあります。

散歩をする、家の周辺を一周する、買い物に行くなど、今いる場所から移動するのはわかりやすい方法です。

外に出る元気がないときは、その場で体操やストレッチをしたり、部屋の片付けをするのもいいですね。

体を動かすと、**徐々に気持ちが前向きになってくるはず**です。意外にできるかもしれないと思えてきたら、こっちのものです。

上級 前向きなアウトプットをする

最後は、頑張ろうとする気持ちを誰かに向かってアウトプットしましょう。**行動の決意表明や宣言**をするようなイメージです。

自分のことを肯定してくれる家族や友人がいれば、その人に自分の話を聞いてもらい、宣言するのがベストです。

大事なことは、宣言する相手が誰でもいいわけではないということ。中には「そんなの続かないよ」「やったって無理だよ」と言う人がいるかもしれないからです。

自分を応援してくれる人、背中を押してくれる人に向かって宣言してください。

最初から誰かに話を聞いてもらおうとすると、一方的に愚痴をこぼすだけになってしまうので、必ず初級〜中級のプロセスを経た上で、宣言することが大切です。

話を聞いてくれる相手がいないときは、日記帳や手帳を使ってアウトプットする方法もおすすめです。自分の気づきや行動宣言を言語化すると、「頑張ってみよう」という気持ちがわいてきます。

Point

体を動かすと思考が働き、発想が豊かになる効果も得られる

Method 19

苦手なことを知る

そうしないと…

- 成果の上がらないことに、時間と手間をかけてしまう
- やるべきことに、時間を割けない

初級 ★☆☆	中級 ★★☆	上級 ★★★
苦手なことに気づく	苦手なことを受け入れて開示する	苦手なことを他者に依頼する

あれもこれも全部やらなければと思うと、キャパオーバーになり、動けなくなります。ストッパーを外して行動するには、**「苦手なこと」**を明確にすることが大事です。

人には、得手不得手があります。**苦手なことをやろうとすると、時間と手間がかかる割に大した成果が得られません。**だったら、**苦手なことはそれが得意な人に任せればいい**のです。

「苦手なことを頑張って克服しよう」

「やりたくないことに耐えると成長できる」

これらは、典型的な昭和アプリの発想です。昭和の時代は、確かに苦手を克服することに意味がありました。苦手なことを回避する方法がなかったからです。

でも、今の時代は違います。苦手なことはスキルマーケットなどで簡単に発注できます。誰か得意な人に依頼すると解決が早いですし、相手も収入が得られるので喜んでもらえます。マクロな視点に立てば、そうやって経済を回したほうが社会貢献や世界平和につながるのです。

ちなみに、私が苦手なのはパソコン作業です。特にExcelを使っての表計算やフォーマット作成は、一気に気分が下がります。そこで、私が主催する「人気コーチ養成講座」で、受講生一人ひとりにお渡しするコーチング管理シートは、実際に、Excel作業を得意としている人に作成を依頼しました。プロだからこそ、使い勝手など細かなところまで考え抜いて提案していただきましたし、スケジュールに沿って出来上がりました。「依頼してよかった」と心底思います。

会社では、お金を介さなくても、職場の人同士で補い合いながら苦手分野を回避できます。あなたの苦手なことを得意とする人は、必ず近くに存在します。

お互いにやるべきこと・得意とすることに集中したほうが、組織全体の生産性も上がるはずです。

初級 苦手なことに気づく

まずは、自分が苦手なことを認識しましょう。どうしても気分が乗らないこと、必要以上に時間を取られがちなことを把握してリスト化してください。

中級〉苦手なことを受け入れて開示する

苦手なことがあっても、罪悪感を感じる必要はありません。**あなたが苦手としていることを得意としている人がいる**ということに気づいてください。

苦手でもいい、仕方がないと開き直り、「私はこれが苦手なんです」と開示します。自己開示をすると「それ、あの人が得意そうだよ」などと、教えてくれる人が出てくるかもしれません。

上級〉苦手なことを他者に依頼する

自分が苦手とすることを、他人に依頼します。そうやって、やりたくないことを手放していけば、やりたいことが絞り込まれますし、**やるべきことに時間を振り向けることができます。**

Point

自分が苦手だと思っていることは、誰かの得意なことでもある

Method 20

「叶えたいことリスト」を作成する

そうしないと…

- 自分が「やりたいこと」に気づけない
- 「引き寄せの法則」を発動できない

初級 ★☆☆	中級 ★★☆	上級 ★★★
叶えたいことを30個書き出す	叶えたいことを50個書き出す	叶えたいことを100個書いて、ストーリーにする

前節で「やりたくないことを手放していけば、やりたいことが絞り込まれる」とお伝えしました。やりたくないことを他人に依頼できるようになったら、今度は**叶えたいことリスト**を作成してみましょう。

実際に叶う・叶わないはさておき、叶えたいと思うことを自由に発想するのです。普段考えもしなかったことを考える経験は、脳に刺激をもたらします。**脳が活性化されると、常識の枠から外れた発想ができる**ようになります。

アイデアは、**不快や不満、不便といったネガティブな感情の中から生まれやすい**という特徴があります。「不」に着目すると、叶えたいことを見つけやすくなるのです。

たとえば、Uber Eats は「外食したいけど、外に出るのは億劫だ」と思っている人に向けて考えられたのではないでしょうか。お店で食べるのが好きで、外出が苦にならない人は、食べ物を届けてもらう発想はなく、その必要性も感じなかったはずです。Zoom などのオンライン・コミュニケーションツールも「遠く離れた人と、直接会わずに会議ができないか」という不便さを手がかりに開発されたに違いありません。

あなたが**不快、不満、不便に感じていること**から、叶えたい未来を導きましょう。

叶えたいことリストを作ると、脳のRAS《ラス》機能が働くようになります。RASとはReticular Activating System の略で、日本語では「脳幹網様体賦活系《のうかんもうようたいふかっけい》」という難しい言葉で訳されます。簡単にいうと、**自分に興味や関心があることを、無意識のうちに脳が集める**ようなフィルターがかかる機能のこと。**「引き寄せの法則」**と言ったほうが、わかりやすいかもしれません。

たとえば、ある車が欲しいと思っていると、街を歩いていても、自分が欲しいと思っているのと車種を頻繁に見かけるようになる。妊娠すると、電車の中やお店などでちょくちょく妊婦の姿を目にするようになる……。これらは、引き寄せの法則が働いている状態です。やりたいことを実現している人は、**引き寄せを上手に活用し、実現したいイメージに向かって行動**しています。

初級 叶えたいことを30個書き出す

まずは30個、叶えたいことを書き出してみましょう。

仕事でもプライベートでもかまいません。普段、自分が何を「不快、不満、不便」に感じているのか、内面と向き合うことから始めます。

中級 叶えたいことを50個書き出す

次は初級から20個増やして、合計50個、叶えたいことを書き出します。

そして、それが実現したらどんな気持ちになるか、想像してみてください。

上級 叶えたいことを100個書いて、ストーリーにする

上級ではプラス50個して、計100個書き出しましょう。さすがに100個となると、途中から無理やり作ったような項目も出てくると思います。それでも、イメージトレーニングだと思って、とにかく書き出してみてください。

書き出した項目を大まかに分類してからつなぐと、ストーリーが完成するはずです。「○○に住んで、□□さんと会い、△△に行き、◎◎を食べる……」のように、具体的なスケジュールができあがります。これこそが、あなたの理想のストーリーです。

Point

叶えたいことを100個書き出すと、「引き寄せの法則」が発動する

人は一日のうちに、3万5000回もの
意思決定を迫られているといいます。
「すぐやる人」は、自分自身に
「ポジティブな問いかけ」をすることで
物事を肯定的に捉える思考習慣が身についているのです。

第3章

「すぐやる人」に学ぶ！
行動に直結する
ポジティブ思考

すぐやる人は、
肯定思考で物事を捉え
行動力につなげる。

第1章では「行動できる人」の特徴について、第2章では「できない」という心のブレーキやストッパーを外す方法についてお伝えしてきました。

そして本章では、「すぐやる人になる行動マインド」を身につけ、磨きあげる方法についてお伝えしていきます。

行動できる人は、まわりの人や出来事、環境に左右されることがなく、感情に流されることもありません。

つまり、**自分の軸をしっかりもっている**ということです。

また、常に行動マインドが高めで安定しているので、あえてモチベーションを高める必要がありません。

簡単にいうと、「行動できる人」は**自分が理想とする未来の価値観をもとに選択し、決断**します。自分が目指す道で先を行く人や、成果を出している人を見て、その人の在り方、考え方をモデルにしています。

これに対して、「行動できない人」は過去の実績をもとに選択し、決断します。そのため、既存の価値観や常識の範囲内で決断してしまうのです。

人は一日のうちに、なんと、**3万5000回もの決断と行動**を繰り返しているといわれます。

たとえば、朝起きたら、「スマホを見る」という決断と行動をし、「起き上がる」「カーテンを開ける」「トイレに行く」……という具合に続きます。

その後も、歯を磨く、朝食を作る、食べる、外出着に着替える、家のカギをかける、駅までの道を歩く、信号を渡る……など、一つひとつ書き出したらキリがないほど、無数の決断と行動を積み重ねています。

それほど多くの決断・行動をしているにもかかわらず、私たちは悩んだり、考え込むこともなく、ほとんどの動作をスムーズにこなしています。

それは、**無意識のうちに自分自身に問いかけ、決断しているから**です。

無意識に問いかける言葉を**「否定的な言葉から肯定的な言葉に変える」**こ

とができれば、それだけであなたの未来は確実に変わります。

重要なのは、**肯定的な問いかけをすること**です。

「なぜ、成功したのか？」

「どうすれば、できるようになるのか？」

このように**肯定的に問いかけて、考える経験を繰り返すうちに、言葉のクセが思考のクセとなり、物事の見方や捉え方が肯定的に変化**していくのです。

この章では、行動できる人の行動パターンを紹介します。

まずは、この行動パターンを真似るところから始めましょう。

無意識に頭に浮かぶ言葉が肯定的なものへと変化していけば、肯定的な行動マインドを身につけることができるようになります。

Method 21

飲食店での注文は素早く決める

そうしないと…

- 周囲の目や不安要素に振り回される
- 大きな決断に迫られたとき、自分を見失う行動力がある人は、飲食店などで注文を決めるのが早いと思いませんか？　これは、**自分の好みを知っていて、自分の思いに素直だから**です。

オムライスが好きだから、オムライスを注文する。ポテトサラダが食べたいから、ポテトサラダを注文する。紅茶を飲みたいから、紅茶を注文する。

シンプルで、すがすがしいくらいに迷いがありません。

私自身も、飲食店などで注文するのは、かなり早いほうです。

まわりにいる人たちから「えっ、もう決めたの？」「どうして迷わないの？」と、よく驚かれます。

注文を決めるときだけではありません。

たとえば、タクシーに乗っていて目的地が近づくと、まだ停車していないにもかかわらずクレジットカードを取り出し、精算の用意をします。意識して急いでいるというより、無意識に体が動いてしまうのです。

しかも、自分では自覚がなくて、コーチングの生徒さんと同乗したとき「先生って、せっかちですね」とツッコまれて初めて、気づいたくらいです（苦笑）。

注文に時間がかかる人は、あれもこれもよく見えて、目移りしてしまうので、一つに絞ることができません。

迷う要因は、他人の目や損得勘定、経済事情、健康意識などさまざまです。

「私だけ違うものを注文して、メンバーから浮いてしまうのは避けたい」

「本当はこれを食べたいけど、ちょっと予算オーバーだな。贅沢をしていると、浪費グセがついてしまいそう」

「おいしそうだけど、カロリーが気になる。太ったらどうしよう」

など、ほとんどの場合、**まわりの目を気にしたり、まだ起こっていないことへの不安から、自分の本当の思いを制限**しています。

しかし、行動力をつけたいなら、自分の思いに素直になってください。行動できる人にならって、注文をすぐに決めてみましょう。**自分の思いを優先すれば、決断は早くなります。**

まわりの出方をうかがっていると、ますます決断がブレるので、自分から口火を切りましょう。

「じゃあ、私、これにする！」

決して、自分の選択を押しつけるわけではありません。しかし、いち早く宣言することで、まわりの人もオーダーを決めやすくなるという効果があります。

これは、**自分の思いを優先するトレーニング**です。

普段からトレーニングをしておけば、**大きな決断に迫られたときに、自分を見失うことなく、素直に自分の思いにしたがって動ける**ようになります。

Point

シンプルに自分の思いにしたがって注文してみよう

Method 22

会議やミーティングで自分の意見を言う

そうしないと…

- その場に貢献することができない
- チャンスをつかむことができない

前節で、自分の好きなものを知り、自分の思いに素直に行動することの大切さについて解説しました。**自分の思いにしたがって素直に行動できるのは、自分の決断に自信をもっている**からです。自信があれば、勇気をもって行動できます。

行動できる人は主体的なアクションを実践しています。聞かれたから答えるとか、お願いされたから動くのではなく、常に自分から行動を起こしています。

そこであなたも、この行動パターンを真似してみましょう。

自信があるから行動できるというのは確かにその通りですが、**先に行動することで自信がついてくる**というのも事実です。自分から行動を起こすことを習慣づければ、少しずつ自信を大きなものにしていけます。

ここで実践していただきたい行動は**「自分の意見を言う」**ということ。

職場で行われる会議やミーティングに、受け身の姿勢で参加していませんか？　当事者意識をもって主体的に参加できていますか？　会議やミーティングといったコミュニケーションの場で、自分から小さな行動を起こしてみましょう。

誰かが発言しているときは、**笑顔で頷くなどのリアクション**をしてみます。それだけでも、話しやすい雰囲気を生むための効果的な行動となります。

さらに、**「質問はありますか？」と聞かれたら、積極的に手を挙げてみましょう。**

質問するためには、会議中の発言をメモに取り、事前に質問を考えておくなどの準備が必要となります。このように**当事者意識をもてば、会議に臨む心構えも変わります**。もうそれだけで、行動していると思いませんか？

また、意見を求められたら「特にありません」などと答えずに、**感じたこと、気づいたことを積極的に発言**しましょう。

質問や感想を口にすることで、その場に参加している人たちに〝気づきのヒント〟を与えることができます。それは十分、場に貢献する行動です。

自分にとっての安心・安全な場所で「意見を述べる」ことができるようになったら、次は別の場所でもチャレンジしてみましょう。たとえば、**セミナーや講演会に参加したときに、自分から行動を起こす**のです。

私自身、セミナーや講演を行うことがあるのでよくわかるのですが、**当事者意識を**

もって参加している人は、チャンスをつかみやすい人です。

話し手は、笑顔でうなずきながら話を聴いてくれる人がいると、とても話しやすいので、ありがたく感じます。さらにその人が質問をしてくれたなら、より印象に残るもの。すると、別の場所で会ったときにも、打ち解けて話せるようになるのです。

行動できる人は、ちょっとしたアクションでチャンスをつかみ、チャンスをものにしています。逆にいうと、ささいなことでも、何も行動を起こさないのは機会を逃しているのと同じです。

この違いは、後《のち》の人生に大きな差となって表れます。チャンスをつかみたいなら、小さなアクションでもいいので、とにかく行動を起こすことです。

Point

場に貢献する意識をもち、ちょっとしたアクションをしてみよう

Method 23

苦手なことは「できない」と言う

そうしないと…

- 自分で全部抱えることになり、生産性が上がらない
- 自己開示ができず、周囲との心理的な距離が縮まらない

行動できる人は、人に頼ることが上手です。まわりの人の手を上手に借りることで、**苦手な分野には時間を極力かけず、得意分野に力を集中**しています。

では、人に頼るのが上手な人は、いったいどういうテクニックを使っているのでしょうか。

よく観察しているとわかるのですが、人に頼るのがうまい人は、**普段から自分が苦手なことやできないことを、恥ずかしがらずに口に出しています。**

94ページの「19：苦手なことを知る」の節でもお伝えしましたが、ポイントは**自己開示**です。行動できる人は、**自己開示を習慣化**しています。あなたも思い切って、**苦手なことは「できない」と、口に出してみましょう。**

「全部、自分でやらなければいけない」

「助けてもらうことは、相手に迷惑をかけること」

これらは、「過去のあなた」による思い込みです。

想像してみてください。

あなたが得意とすることで、会社の同僚や友人が苦手なものがあるとして、あなたが代わりにやってあげたとしたら、その人はとても喜んでくれると思いませんか？　相手が喜んでいる姿を見ると、「いいことをした」という実感が得られ、自分まで嬉しくなってくるはずです。

つまり、苦手なことは助け合ったほうが、お互いにハッピーになれるのです。

できないことを、格好悪いと思わないでください。

むしろ、**苦手なことやできないことを口に出したほうが、人間的な魅力を感じてもらえる**可能性があります。

反対に、何でも完璧にこなせる人は、ちょっと近寄りがたいと思いませんか？　少しくらい抜けている人のほうが、親近感があって安心できるというものです。

「え？　○○さんって、意外とこれができないんですね（笑）」

こんなふうにイジられながら、なんだかんだ言っても、最後は助けてもらえる。そんな愛嬌のある人になれたら、最強です。

実はすぐれたリーダーほど、部下たちに「このリーダーの力になりたい」「リーダーを楽にさせてあげたい」と思われるように、すすんで自己開示をしています。そうすることによって、**部下を育成し、部下が力を発揮する機会をつくっている**のです。

自己開示をする絶好のタイミングは、自己紹介をするときです。初対面の人と会ったときに、自分が得意なことだけでなく、苦手なことも口にすると、相手の印象に残ります。

あとは、飲み会の席や休憩時間など、リラックスしたシーンでは話しやすいと思います。そういった場で、**「実は、私はこれが苦手で……」**など、打ち明けるのもよいですね。苦手なこと、できないことを共有すると、心理的な距離が縮まります。

勇気をもって、自己開示にチャレンジしてみてください。

Point

苦手なことをオープンにしている人のほうが、親近感がわきやすい

Method 24

人の「いいところ探し」をする

そうしないと…

- 相手のダメなところばかりが目につく
- 職場全体がネガティブ思考になる

野球チームの監督は、選手一人ひとりの強みを見つけ、役割を見出し、それぞれにふさわしいポジションを決めています。

「この選手は肩が強く、守備が上手だからショート」

「この選手は足が速くて思い切りがいいから、打順は一番だな」

こんなふうに、それぞれの選手の強みを生かしてチームに貢献してもらうことを常に考えています。

実は、**行動できる人は、監督やリーダーの立場でなくても、まわりの人の「いいところ探し」を日常的に行っています。**

あなたも、この行動パターンを真似してみましょう。職場の同僚や初対面の人などを観察し、「いいところ探し」をするのです。

「いいところ探し」の効用は、大きく分けて三つあります。

一つは、**相手のいいところを探そうとする意識をもつと、視点が変わる**ということです。物事のネガティブな方向に目が向かなくなり、**ポジティブ思考**ができるようになります。

二つめは、**今まで当たり前に感じていたことのありがたさに気づく**、ということです。たとえば、「毎日健康で、会社に通勤できている」というのは、当たり前のようでいて実はすごいことです。当たり前に思えることに価値を感じ、感謝できるようになると、行動の在り方も変わってきます。

今までは、会社の後輩や同僚に何か特別なことをしてもらわないと感謝できなかったけれど、彼らの日々の頑張りを見るだけで感謝できるようになる。すると、自分も**前向きに行動するスイッチが入ります。**

そして三つめは、前述の野球チームの監督のように、**まわりの人の強みを見出して、活躍の場を提供したり、サポートできるようになる**ということです。

できれば、いいところ探しをするだけでなく、**本人に直接伝える**ことにもチャレンジしてください。いいところを探して褒めれば、喜ばれます。**人を褒めれば、自分も褒められるようになります。褒められれば、やる気になって行動力が上がります。**

職場によっては、カードなどのツールを使って、職場の人同士で褒め合うしくみを導入している事例があります。

これは、ここまでしないと、進んでお互いを褒められないということの裏返しでもありますが、褒め合うことで職場のパフォーマンスが上がることは、研究データでも証明されている事実です。

ぜひ「いいところ」を探して人を褒めてください。最初は気恥ずかしく思うかもしれませんが、一度慣れてしまえば簡単です。**人を直接褒めるだけでなく、第三者に「あの人、こういうところが素敵だよね」と伝える**のもいいですね。

いずれ本人の耳にも入り、第三者を経由して褒められた当人は「お世辞ではなく、本当に褒めてくれている」と感じるので、とても嬉しく思うものです。

Point

他人の「いいところ探し」をして褒めるだけで、自分の行動力も爆上がりする!

Method 25

完璧主義ではなく、完了主義になる

そうしないと…

- 不完全な状態を受け入れられない
- むしろ「何もしない」ことを選択してしまう

行動できない人の特性に**「0《ゼロ》／100《ヒャク》思考」**があります。これは、**物事を白か黒かで極端に捉える傾向**のこと。

0／100思考のもち主は、「完璧にできなければダメ」「ちょっとでも失敗したら何もやっていないのと同じ」と考えます。

不完全な状態を受け入れられないので、いろいろな場面で「むしろ、何もしない」ことを選択しようとします。

確かに何もしなければ、不完全な状態に苦しまずにすむかもしれません。しかし、これでは成長ができず、チャンスもつかめないままです。

今日から、**0／100の「完璧主義」をやめて、「完了主義」になりましょう。**

段高が低い階段を、1段ずつのぼっていくようなイメージで、**一つひとつできることを増やしていく**のです。

たとえば、企画書を作成する場合でいえば、最初から100％の完成度を目指すと、なかなか進みません。そこで、完了主義に切り替えるのです。

まずは現状把握をして、問題点や課題点を書き出す。それを踏まえて、提案したいことのメリットを書き出してみる。次は、これをどんな手法で進めるかなど、企画の概要を書いていく……。こうやって、**企画書を仕上げるための作業を小さく分解することで、一つひとつのタスクを完了させていきながら達成感を積み重ねていく**のです。

私も、特に大きな仕事に取り組むときなど、この手法をよく使います。

初めて本を執筆したときも、0《ゼロ》を1《イチ》にすることを意識しました。セオリーからは外れますが、思いが一番乗りそうな「あとがき」から先に書くことにしたのです。そして、真っ先に思い浮かんだ感謝の言葉を文字にしていきました。あとがきができたら達成感が得られたので、その勢いを借りて、次に書けそうな項目を書きました。

そうやって、書きやすい項目から一つひとつ完了していくうちに執筆が進み、気づいたら1カ月で、10万字を書きあげていました。

完了主義には、この**「分解する作業」**が肝になります。これは言い換えれば、**物事を達成している未来から逆算して、段階を作っていく工程**です。

たとえば、何かのイベントを開催するという場合、そのイベントの開催や運営に必要な要素を分解して書き出します。

このとき、**すべての項目を、モレなくダブりなく分解できなくてもかまいません。**繰り返しになりますが、挑戦したいことに完璧主義は必要ないのです。

完了するために何が必要なのかを箇条書きにし、その項目の中から一つひとつやっていけば、自然と足りない要素が見えてきます。

自分には達成が難しい要素があったら、素直に「わからないから教えてください」と聞きましょう。**少しでも動けば、わからないことが明確になりますし、まわりの人もどこをどうフォローすればよいのかがはっきりして、仕事が進めやすい**はずです。

完了主義に切り替えただけで、物事がラクに進むだけでなく、誰かに助けてもらえるようにもなります。ぜひ、今日から意識してみてください。

Point

必要な要素に分解して、できるところから一つひとつ取り組もう

Method 26

積極的に行動している人と関わる

そうしないと…

- 自分一人でやれることに限界を感じてしまう
- 瞬間的にテンションを上げても長続きしない

自分一人で行動力を高めようとしても、限界があります。**限界を超えるためには、行動力のある人をお手本にする**のが一番です。

まずは、楽しそうに挑戦を続けている人を見つけ、その人をじっくり観察してみましょう。闇雲に動き回っている人ではなく、**あなたが目指す方向で行動している人を探す**ことが肝心です。

そして、**その人がいつ、どのように、どうやって行動しているのかを注意深く観察する**のです。そうすれば、必ずヒントが見つかります。

身近に挑戦している人がいなければ、ＹｏｕＴｕｂｅやＳＮＳ上で見つけるのでも、あるいは、書籍からヒントを得るのでもいいでしょう。

ただし、一方的に観察したり、話を聞いたりしているだけでは、行動が止まってしまうおそれがあります。

本を読み終わった瞬間はテンションが上がり、「動こう！」と思っても、時間が経つとうやむやになってしまう。これは、よくあるパターンです。

そこで、おすすめしたい方法が**「行動している人と直接関わる」**ことです。

身近で、ロールモデルとなる人を見つけてください。**ロールモデルとなる人の懐に飛び込み、接する時間を増やし、積極的にコミュニケーションをとりましょう。**

できれば、ロールモデルは一人に絞ることをおすすめします。お手本が複数になると、意見が割れたときに、どちらのアドバイスを参考にしたらよいのか迷ってしまうからです。

本やYouTubeを通じて師事したい人ができた場合は、その人の講演会やイベントなどに参加してみましょう。

イベントに参加するだけでなく、質疑応答のチャンスに手を挙げるとか、**話を直接するチャンスをつくることにチャレンジ**してください。

マナーを守った上で、「ここがわからないのですが」「こういうところに悩んでいます」と聞けば、親身なアドバイスをもらえたり「今度セミナーがあるからおいでよ」などと、声を掛けてもらえるかもしれません。

そんなちょっとした**コミュニケーションがきっかけとなり、次の行動やチャンスにつながっていきます。**

「六次の隔たり」という言葉をご存じでしょうか？　友だちの友だち、そのまた友だち……という具合にたどっていくと、**6人で世界中の誰とでもつながることができる**という理論です。ただし、今はSNSが広く普及していますから、**3人を介するだけでたいていの人とつながる**との説もあります。

私たちは、こうしたテクノロジーのおかげで、**会いたい人に会いやすい時代に生きている**のですから、このチャンスを生かさない手はありません。

率先して行動している人と関わり、役に立てることを探していきましょう。

Point

お手本となる人を見つけて関われば、チャンスが増えて行動力もアップする

Method 27

「はい」か「イエス」か「喜んで」

そうしないと…

▶自分の常識にとらわれて、成長できない
▶「心のブレーキ」をベタ踏みして、動けない前節では、「積極的に行動している人と関わる」という行動パターンを解説しました。

そうして、行動している人たちから教えを受けたときには疑ったり否定したりせず、まずはそのまま受け入れて自分ができることは何か、考えてみてください。

行動できる人は、上司や先輩から何かアドバイスを受けて反論することは、まずありません。何か依頼を受けたときの返事も「はい」か「イエス」か「喜んで」です。

実際にどうやって実行するかとか、本当に実行するかという問題はあとから考えればよいことです。まずは与えられたアドバイスを、「とりあえず、やってみよう」「ありがたい」と受け入れる。ここが大事なポイントです。

積極的に行動している人のアドバイスは、しばしば常軌を逸しています。

聞いた瞬間はあなたも、違和感から「え、嘘でしょ!?」「そんなの、やりたくない!」と、反発したくなるかもしれません。

それでも「ノー」と言わずにいったん、受け入れてみてください。

私自身の経験をお話ししましょう。

私は、2016年から月に一度、師匠のもとでコーチングを受けてきました。師匠は私に驚くような提案や、常識では考えつかないようなアドバイスをしてくれることが常でした。あるとき、師匠が口にした言葉に耳を疑いました。

「日本一のコーチを目指すなら、東京を拠点にしたほうがいいよ」

そのとき私は、京都府綾部市に在住。中学生と小学生の子どもがいて、夫は単身赴任中で、家のローンを返済している最中でした。

しかも、コーチとしての月の売上は10万円あるかないかといったところ。とてもではないですが、東京に住むなんて無茶です。

戸惑っている私の様子を見た師匠は、こう続けました。

「頭の中の常識を変えないと、人は成長しないよ。成長するために来たんでしょ？　だったら、とにかくやってみようと考えてごらん」

先を行く人は、全体を見通す力をもっています。山の頂上から見下ろすような視点で、あとに続く人が何合目を歩いているのかを把握しています。

ですから、明らかに無理そうなことをアドバイスはしません。しかも、人によってアドバイスも、その伝え方も使い分けているのです。

そのときの師匠も、無茶なアドバイスをしていたわけではなく、私の力量を冷静に見極めて、常識を外して可能性を広げる考え方が必要と判断したのでしょう。

師匠のアドバイスを素直に受け入れたことで、駆け出しのコーチだった私は東京に拠点を移し、会社を設立して活動するという夢を実現しました。

アドバイスを受けたとき、「えっ?」「無理」「違う」という否定的な感情が出たときには、**心のブレーキが発動**していきます。自分の心のブレーキに気づいてください。

行動している人からあなたへのアドバイスは、あなたへの期待の表れです。「あなたならできる!」と信じてくれているのです。

期待され、信じられていることを素直に喜び、その期待に乗っかってみてください。

Point

アドバイスには先達の期待や評価が含まれている。素直に信じて行動あるのみ

Method 28

マイルールをつくる

これはやる
・飲み会参加は
金曜だけ
・水曜日は定時退社
・頼まれた仕事は
締め切り1日前提出
・5分前行動
これはやらない
・飲み会では
二次会には参加しない
・残業しないと
終わらない量の
仕事はしない
・予定になかった
買物
Rule
Book

そうしないと…

- 他人の顔色をうかがって、おかしな方向に流されてしまう
- 自分が心地よくないので、周囲と摩擦を起こしかねない

前節でお伝えしたように、先を行く人から素直にアドバイスを受ける姿勢は大事ですが、すべての人に「はい」か「イエス」か「喜んで」で答えていると、おかしな方向に流されてしまうおそれがあります。

そこで、**マイルール**をつくりましょう。

「これはやる」「これはやらない」という選択の基準を決めることで、悩むことなく素早く決断できるようになります。

「マイルールをもっている人」で、真っ先に思い出す人がいます。テレビドラマ『ドクターX』シリーズで、米倉涼子さんが演じるフリーランス外科医・大門未知子です。

大門未知子は、教授の論文の手伝いや学会のお供など、医師免許がなくてもできる雑用を、「いたしません」の決めゼリフでことごとく拒否します。彼女は最強のマイルールのもち主だと思います。

あなたも、マイルールをつくってみてください。大門未知子のように、自分のキャラクターをセルフプロデュースするのです。

ただし、「いたしません」は現実社会では反発も招きかねないので、「これをします」

「ここまでやります」のように、**肯定的な言葉でルールをつくる**のをおすすめします。

マイルールをもつと、他人の顔色をうかがうことがなくなります。それでいて、**まわりの人との不用意な摩擦を回避できる**ようにもなります。

「懇親会の参加は一次会まで」「水曜日は必ず定時退社」

このようなマイルールを周囲の人にも周知しておけば、二次会に誘われなくなりますし、水曜日の午後になってから急な仕事を押しつけられることもなくなります。

「この人にはルールがある」というキャラを認知してもらうことで、他人に振り回されないようになるのです。

ルールは仕事の進め方、時間の使い方、お金の使い方など、あらゆる場面でつくることができます。

「頼まれた仕事は、締め切りの1日前に完成させる」

「待ち合わせでは、5分前行動を心掛ける」

「安いからといって、欲しくもない物は買わない。ワクワクするものだけを買う」

ほかには、仕事とプライベートの優先順位を決めておくのも一つの方法です。

また、マイルールをつくる際は、**自分の感情が心地よいかどうかを基準**にしてください。なにも、自分勝手でいいと言っているわけではありません。自分の軸に責任をもつということです。

よくあるNG例が、上司が部下の生活ルールをつくるというパターンです。「平日は夜12時までに就寝」「週末に自己啓発の時間をつくる」などは、ルールというよりただの過干渉です。

マイルールは自分のためのルールです。自分以外の人のルールをつくると、お互いにストレスがたまります。**理想とする在り方に沿うためにルールをつくる**、という基本を忘れないようにしましょう。

Point

マイルールをつくると迷いがなくなり、決断が早くなる!

Method 29

何かにチャレンジしている人を応援する

そうしないと…

- プレッシャーに押しつぶされてしまう
- チャレンジしている人のプラスエネルギーを享受できない

「とにかく自分が行動しなくては！」

そんなふうに思うと、プレッシャーを感じて、かえって動けなくなります。自分がプレッシャーに押しつぶされそうだと思ったら、無理にあなたが行動しなくても大丈夫。その代わり、何かにチャレンジしている人を応援してみましょう。

他人を応援するだけでも、実は行動力は高まります。

ただし、他人を応援するときに注意したいポイントがあります。**損得抜きで純粋に応援する**ということです。

応援するときに「見返り」を期待してはいけません。見返りを期待する気持ちは、心からの応援ではありません。

「あれだけ応援してあげたのに、ひと言もお礼がない。応援しなきゃよかった」こんなふうに見当違いな文句を言い、相手を非難したり、ふてくされるようでは、あなた自身の人間性を疑われてしまいます。

行動できる人は、応援することを純粋に楽しんでいます。応援した人から感謝されたとしても、相手を応援できた時点で心が満たされているため、「いえいえ、何も感謝されるようなことはしていません」と、恐縮するほどです。

このように、純粋に応援が楽しめるのは、**自分自身もチャレンジしているから**です。何かに挑戦したり、目標に向かってひたむきに頑張っている人を見ると、自分の姿が重なり、とても他人事とは思えないのです。

あなたも、行動できる人のように、応援する楽しさを感じてみましょう。

応援する対象は何でもかまいません。会社の同僚や友人など、身近な人を応援するのもいいですし、スポーツ観戦に行って好きなチームや選手を応援するのも素敵です。応援グッズを買ったり、ＳＮＳで応援していることを表明したり、励ましのコメントをすることも立派な応援です。

いわゆる「推《お》し活《かつ》」も行動力を磨くためにいいと思います。

世の中には〝推し〟のために地方や海外にまで遠征したり、ときには外国語まで習得したりする人がいます。それだけでも、ものすごい行動力です。

ほかには、募金活動や寄付などの支援も素晴らしい応援活動だと思います。心の中で誰かを応援することもいいですが、具体的な行動が伴うと、もっとよいですね。

人を応援することには行動が伴うので、必然的に行動力が上がり、さらに行動することが習慣化します。

それだけではありません。**応援を通じて、プラスのエネルギーを受け取ることができます。**チャレンジしている人を応援すると、一生懸命な姿に影響を受け、「自分も頑張ろう！」と思えてきますよね。

応援しているうちに、いつの間にか勇気や熱意をもらい、モチベーションが上がってきます。応援しながら、自分の中にある情熱やパワーに気づくようなものです。

ですから、見返りを求めず、とにかく純粋に応援してください。

Point

損得抜きで他人を応援していると、自分のモチベーションがアップする

Method

30

未来のビジョンをもっている

そうしないと…

- 未来のために、今何をやるべきかわからない
- 忙しい毎日に流されて、自分が見えなくなる

行動力のある人は、未来の自分を常にイメージしています。未来のビジョンが明確になっているので、今何をやるべきかを理解し、実行に移しています。

あなたは、未来の自分をイメージできていますか？「これといったビジョンがない」という人は、理想とする未来の自分を思い描いてみましょう。

とはいえ、理想とする未来をイメージするのは難しいという人もいるかもしれません。そこでおすすめしたい方法を紹介します。それは**「1年後の自分に届けたいメッセージを書く」**というものです。

やり方は簡単です。ポジティブに、ワクワクしながら1年後の自分を想像し、その自分に向けたメッセージを書くだけ。3年後はやや遠すぎる未来ですが、1年後であれば、ほどよくイメージしやすい未来です。

たとえば1年後に海外勤務をしている自分を想像し、「結構英語がうまくなっているね。よく頑張ったね！」「あきらめなくて本当によかった！」など、自分を讃えるメッセージを書きます。

「1年後の目標を立てる」と「1年後の自分に届けたいメッセージを書く」は、似ているようで違います。

目標を立てるだけでは、忙しい毎日に流される中で、単なるお題目に終わってしまう可能性があります。

けれども、1年後の自分に向けたメッセージを見ると、へこんだときに「私はこんな未来を目指していたんだ」「ワクワクしながらメッセージを書いていたな」と再確認できます。それによって、やる気を取り戻し、自分をもう一度奮い立たせることができるのです。

また、**1年後の自分から逆算して、今の自分がどうあるべきか、何をしなければならないかを考えるようにもなるので、自然と行動力も上昇**します。

前著『「なりたい自分」へ加速する　問いかけコーチング』では、「ビジョンボード」という方法をご紹介しました。

ビジョンボードは、**未来のなりたい自分をビジュアル化しながら描く**という方法です。具体的には雑誌やパンフレットから、憧れている人の写真などを切り抜き、1枚の画用紙に貼っていきます。そして、カラーペンなどでタイトル、未来の日付を書き込み（私は3年後の日付を書きます）、その横に**実現したいことを「○○になった」「○○に行った」などの過去完了形で書く**のがポイントです。ビジュアルがあると未来をイメージしやすい人は、ビジョンボードを作ることをおすすめします。

私は、自分が作ったビジョンボードが、ほぼそのままのかたちで実現するという、驚きの経験をしたことがあります。書いたときには何の展望もなかったのに、です。

「1年後の自分に向けたメッセージ」も「ビジョンボード」も、**潜在意識に働きかける**、という点では目的も手法も共通しています。

自分にメッセージを送ると、潜在意識に刷り込まれます。思い込んで行動するから、イメージしたことが現実になっていくのです。

Point

自分に向けたメッセージが、潜在意識の大きな力を引き出してくれる

Method 31

自分の心の「充電場所」をつくる

そうしないと…

- 四六時中何かに追われて、燃え尽き症候群に・・・
- やる気はあるのに、疲れて体がついてこないここまで読み進めたあなたは、そろそろ「自分はこんなに行動できないかも……」と不安になってくる頃かもしれませんね。

大丈夫。落ち着いて、ひと息つきましょう。行動している人だって、いつも活発に動いているわけではありません。

四六時中アクティブに行動していたら、誰だって燃え尽きます。やる気はあっても体がついてこず、体調を崩して強制終了を余儀なくされることもあるでしょう。

パフォーマンスを上げるために必要なのは、オンとオフの切り替えです。自分を癒やしてくれる場所、リラックスした状態で**自分自身と向き合える場所**をもつことが大切です。

「サードプレイス」という言葉があります。自宅や学校・職場でもない、**居心地のよい「第三の場所」**のこと。

この言葉は、アメリカの社会学者であるレイ・オルデンバーグが、著書『THE GREAT GOOD PLACE』（邦題『サードプレイス――コミュニティの核になる「とびきり居心地よい場所」』、みすず書房）の中で提唱し、広く知られるようになりました。

あなたも、**自宅や職場以外に居心地のよいサードプレイスをつくってみましょう。仕事などで張り詰めた心をそこで充電し、ゆっくりと回復させていく**のです。

代表的な充電場所には、カフェがあります。87ページで、私にとって「やる気スイッチ」が入る場所としてスターバックスを挙げましたが、人によってはスタバなどのカフェに行くと、リラックスできるという人も多いことでしょう。

ほかにはエステや美容室、スーパー銭湯なども、代表的なリラックスできる場所だと思います。

自然に囲まれると気分が落ち着くという人は、山登りやキャンプなどもいいですね。焚き火を見ていると心が落ち着くという人もたくさんいます。

また、神社やお寺などのパワースポットに行くのもよいでしょう。神聖な場所に行くと、不思議と気持ちが落ち着いてきます。

習い事の教室が心の居場所になるのも素敵なことです。ヨガや茶道、絵画などは自分と静かに向き合うこともできます。

このように、人によって充電場所は千差万別です。ぜひ、あなたにとってのベストな充電場所を見つけてください。

場所を特定するのはピンとこないという人は、**誰かに話を聴いてもらう**という充電方法もあるでしょう。あなたの思いに寄り添い、共感してくれる人、何か新しいことにチャレンジしようとするときに、そっと背中を押してくれる人。そんな、**あなたの本音を引き出してくれるコーチをつけてみてはいかがでしょうか？**

ちなみに私の充電場所はいくつかあって、その一つが愛犬との散歩コースです。愛犬と一緒に、目の前の景色を見ながら歩いていると、副交感神経が優位になって、心身ともにリラックスしていくのを実感します。

あなたも心の充電場所を見つけて、活力を取り戻しましょう。

充電後はやる気がみなぎり、桁違いの行動力を発揮できるようになります。

Point

自宅・職場以外に充電場所をもっていると、安定的に行動できるようになる

Method 32

自分の失敗談をネタにして話す

そうしないと…

- 失敗を恥ずかしいと思い、挑戦することに臆病になる
- 新たな経験を積むことができず、成長がストップしてしまう

行動している人としていない人の差は、失敗の捉え方に表れます。

行動している人は、動いた結果の失敗を失敗とは見なしません。一方、行動できない人は失敗を必要以上に恐れます。**失敗しない人生を歩むことこそが最大の失敗であり、最強のドリームキラーは失敗を恐れて行動しない自分です。**

失敗を恐れている人は、失敗の捉え方を変えてください。失敗＝嫌なもの、避けたいものではなく、**失敗＝成長につながる経験**だと考えるのです。

失敗をポジティブに捉えるとっておきの方法が、**「失敗談をネタにする」**ことです。**行動して成長している人は失敗談を豊富にもっており、いろいろな人に話して、笑いをとっています。**

また、よくいわれるように、成功した話よりも、失敗した話のほうが教訓になる内容を豊富に含んでいます。ですから、**失敗談を披露することで、まわりの人たちに逆境を乗り越えるための工夫を伝えることになります。**

失敗談はまわりの人を明るくすることもできますし、励ますこともできます。失敗談がネタになれば、自分自身も救われます。**動いて失敗した経験は、どう転んでもプラスにしか働かない**のです。

あなたは、どんな失敗談をもっていますか？　**笑って話せる失敗談を書き出し、リストを作ってみましょう。**そして、笑われるとか恥ずかしいなどと思わずに、話せる人に披露してみてください。

私自身は、やらかしてしまった、しくじった経験を幾度となくしています。

たとえば、最初に出版社から本の執筆を依頼されたとき、「本を書きたい」という思いが先行するあまり、編集者と細かい打ち合わせをする前に、先回りして、原稿を完成させてしまったことがありました。

完成した原稿を意気揚々と編集者に送ったところ、「こういう内容は求めていません」とダメ出しのメールが返ってきました。それで初めて、書きたい気持ちばかりが先行し、読者が求める内容という視点が欠けていたことに気づいたのです。

しかし、私としては自分の思いを文章化できた達成感が大きかったので、反省すれども、必要以上に落ち込むことはありませんでした。

また、イベントに出店したとき、お客様が一人も来ないということもありました。そのイベントは1日の出店料が8000円ほど。収支だけで見ればマイナスです。

それでも私は格好悪いとか情けないとは思わず、**「お客様が来ないのだったら、自分がお客になればいい」**と考え、人が集まっているほかの出店者さんの列に並んだり、イベントの主催者やほかの出店者さんに挨拶をして回ることにしました。

すると、行列ができている出店者さんは皆、笑顔で自信をもってセッションをしていることに気づいたのです。それからは、私も笑顔でお声掛けするようにしました。

そのうち、一人のお客様が立ち止まってくれ、私のセッションを受けてくださいました。あのときの嬉しさは、今でも忘れられません。

このように、**失敗はネタになるだけでなく、学びに変わります。これは話の聞き手にとっても同じです。失敗の先に、成功があるのです。**

Point

最大の失敗は、失敗しない人生を歩むこと。失敗を歓迎し、笑い飛ばそう

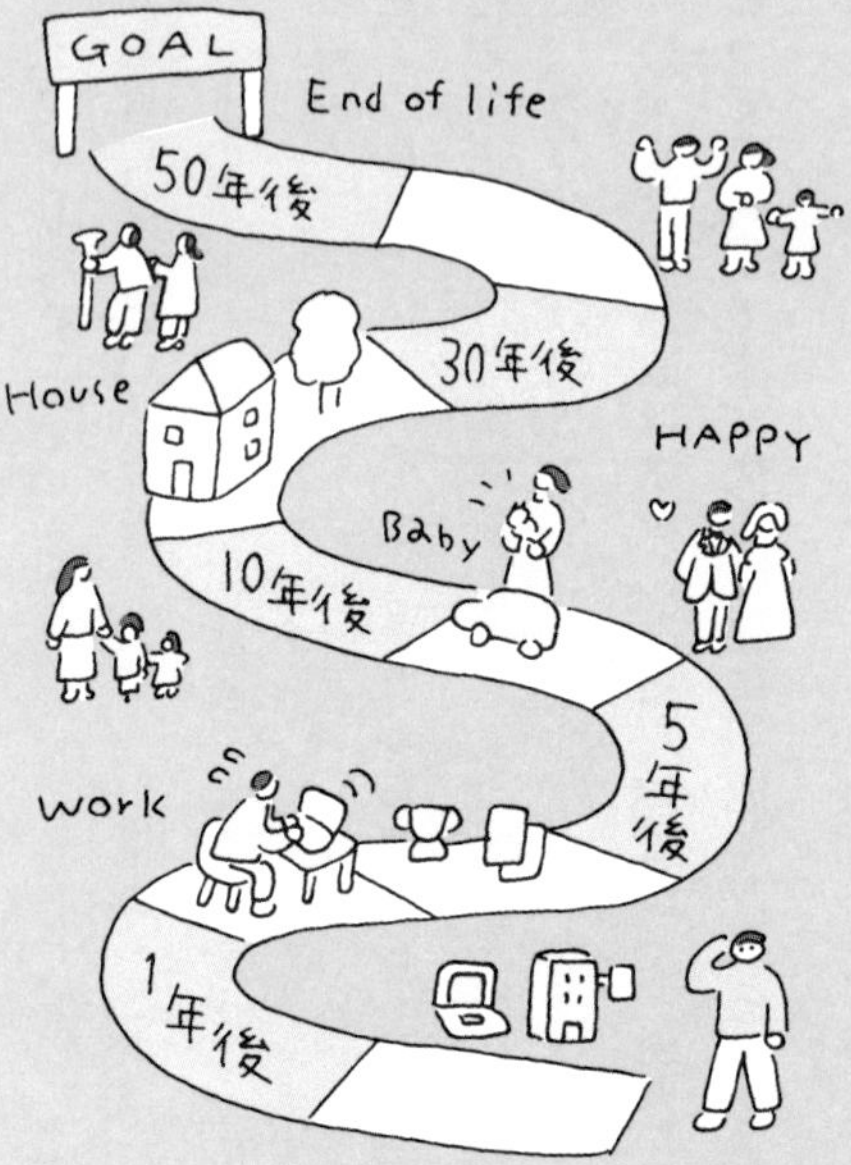

人が行動するとき、原動力となるものは3つあります。
「欲求」「義務感」「使命感」。
このうち、継続力や達成力という観点で
最も行動力のレベルが高くなるのが「使命感」です。
さあ、あなたの中の使命感に火をつけて、
思考から行動につなげましょう。

第4章

「すぐやる人」はここが違う！
使命感をエンジンにして結果を出す方法

人は誰しも、誰かの役に立ちたい。
意義や、使命感を感じたとき
行動力は最強レベルになる！

ここまで、「すぐやる人」「行動できる人」の考え方や行動パターンについて紹介してきました。

ここからは、これらを踏まえて**あなた自身が実際に行動を起こしていくためのノウハウを、三つのポイントからお伝えしていきます。**

人間の行動の原動力となるものは、大きく以下の三つに分かれます。

一つめは、**want to**。「〜したい」という意味で、**自分の欲求を満たそうとする状態**を表します。

二つめは、**have to**。「〜しなければならない」という意味で、外的な要因から**それをしなければならない立場や状況に置かれていて、焦燥感や緊張感を伴う感覚**を指しています。

たとえば「上司から言われた」「管理職としてやらなければいけない」などの状況が、これに相当します。

三つめは、**need to**。「〜する必要がある」という意味で、客観的に考えて**自分がそれをするべきだと確信している状況**を表します。

使命感を伴い、与えられた任務を成し遂げようとする気概や責任感にもとづいて行動します。

たとえば、経営者が「このサービスを提供すればみんなが喜ぶ」と考えて実現に奔走するケースなどが考えられるでしょう。

人は皆、誰かの役に立ちたいという思いを抱えています。だから「役に立てた」という実感をもったときに自分の存在意義を感じ、自己肯定感を高めることができます。

こう考えると、want to は確かに行動の原動力となりますが、個人の欲求を満たすことがベースになりやすいため、長続きはしません。

have to は行動力のレベルは上がるものの、「〜しなければならない」状態が続くときの心は決して穏やかではありません。

常に緊張していて、いつかは心身ともに疲弊してしまいます。

一方、need to で行動するときの心理状態は、**目標達成の意欲に、使命感や役割意識が加わるため、行動力のレベルは最も高まります。**挑戦することや変化を前向きに捉え、自ら楽しめるようになるため、継続力、達成力という点では最強といえるでしょう。

この章では、あなたの中に眠っている need to を引き出し、思考から行動へとつなげていきます。

特に、口・頭・体を使った三つの「こうどう（口動・考動・行動）」という側面から、具体的なノウハウを3ステップでお伝えしていきます。

本章を参考に行動することで、あなたも人の役に立つことができる自分に気づくことができるでしょう。それは必ず、あなた自身の喜びにつながります。それによって、**人としての魅力を上げ、行動力を磨いて、さらに必要とされる存在へと成長していきましょう。**

Method 33

口動編

会話の中に「質問」を入れる

そうしないと…

- 独りよがりのコミュニケーションで、相手とすれ違い
- 会話に対する苦手意識が克服できない

初級 ★☆☆	中級 ★★☆	上級 ★★★
「今日はどんな一日だったか」を自分に問いかける	1週間以内に会った人に「その後、調子はどう？」と聞く	今日会う人に「何か困っていることはない？」と聞く

会話をすることに苦手意識をもっている人は、「自分の意見をきちんと言わなければいけない」「思いを伝えなければいけない」と考えています。

自分のことをわかってほしいと焦るあまり、コミュニケーションが独りよがりになったり、相手の思いに寄り添うことができず、すれ違いを繰り返したりしています。

しかし、**コミュニケーションにおいて大事なのは、話し方よりも聞き方です。**

もっというと、**自分のことをわかってもらおうと言葉を重ねるよりも、相手のことを知ろうとしたほうが、圧倒的に相手との関係性はよくなります。**

あなたも、積極的に会話の中に質問をはさむようにしましょう。そうすることで、キャッチボールが続き、スムーズなコミュニケーションができるようになります。

すると、自分の思いが相手に届くようになります。とはいえ、いきなり質問しようとしても、ハードルが高く感じるものです。まずは初級から順に試してみましょう。

初級 「今日はどんな一日だったか」を自分に問いかける

一人二役（聞き手と話し手）を演じるようなつもりで、「今日はどんな一日だった？」

と自分に問いかけて、今日一日の出来事を振り返りましょう。

中級 1週間以内に会った人に「その後、調子はどう?」と聞く

1週間以内に会った人には、質問しやすいと思います。「この前はありがとう」といったお礼の言葉に続けて、「その後、調子はどう?」と聞けばスムーズです。

上級 今日会う人に「何か困っていることはない?」と聞く

普段あまり会話をしない人が相手だと、一気に質問のハードルが上がります。

この場合、同僚や後輩をランチなどに誘って「最近どう? 困っていることはない?」と聞きましょう。もちろん、悩みを打ち明けられたら親身になって聞いてください。

聞き方の技術を磨く上でのポイントは、**とにかく相手に関心をもつこと**です。初級では、まず自分に関心をもつための問いかけを行いました。自分に関心をもつことができたら、中級では他人に関心をもってみましょう。

相手に関心をもてば、何かしら聞きたいことが出てくるはずです。相手の嬉しいこと、困っていることは何だろうと考えれば、自然と会話は続くようになります。

そうやって相手と関わることは、相手を喜ばせ、貢献することにつながります。

前述したように、人は自分のことを知ってもらいたい生き物ですから、**質問されると、質問をしてくれた相手のことを好意的に感じます。**つまり、会話を通して相手との距離を縮め、安心感を与えることができるのです。

また、質問を通じて相手が困っていることを知れば、「こんな方法があるよ」「それなら知っている人を紹介できるよ」などと、手助けしたり、励ますことができるかもしれません。自分が相手の役に立てたと実感できると、**「自己重要感」**※も得られるので、ますます行動的になれるのです。

Point

聞き方を磨けば人間関係がよくなり、自己重要感も上がる

※自己重要感：自分には価値があり、重要な人物だと思える感覚のこと

Method 34

口動編
自分から声を掛けて会話のきっかけをつくる

そうしないと…

- 会話のきっかけを逃し、行動に移せない
- 人を介して入ってくるチャンスを手にすることができない

初級 ★☆☆	中級 ★★☆	上級 ★★★
初めて行くお店で店員に声を掛ける	家の近所や職場、学校などで会う人に声を掛ける	美容室、歯科医院などで自分からオーダーする

会話の中に質問を入れることで、相手に関心をもてるようになったら、今度は**自分の意思を伝える**ことにチャレンジしましょう。

簡単にいうと、**自分から声を掛けて会話のきっかけをつくる**ということです。

特に言葉を発しなくても困らないシチュエーションであっても、あえて声を掛けてみるのです。

会話の量と行動力は比例します。行動している人は、人と積極的にコミュニケーションをとっています。

重要な情報は、たいてい人を介して入ってくるので、**行動している人は、何気ない会話をきっかけに、大きなチャンスをつかむこともあります。**

初級 初めて行くお店で店員に声を掛ける

たとえば、ボールペンを買うためにコンビニに行くとしましょう。もちろん文具が置いてある棚に行けば、ボールペンはすぐに見つかるのですが、ここはあえて実践の機会と受けとめて店員に「ボールペン、ありますか？」と聞いてみます。

書店で本を探すときも、検索機を使ったり自力で探すのではなく、書店員に「この本ありますか？」と聞くのです。

あるいは駅でトイレに行きたくなったら、ためらわず駅員に「トイレはどちらですか？」と聞いてみましょう。

もちろん、店員や駅員が忙しそうなときは配慮が必要ですが、声を掛けて迷惑がる人は基本的にいないと思います。

また、**対応してもらったら、「ありがとうございます」と感謝を伝えるのも忘れずに。行動力が上がってスムーズに目的を果たせるので、いいことしかありません。**

中級〉家の近所や職場、学校などで会う人に声を掛ける

次のステップでは、近所で会った人に「おはようございます。今日はいい天気ですね」と声を掛け、会話のきっかけをつくりましょう。タクシーに乗ったときには、運転手さんに「最近の景気はどうですか？」などと聞いてみるのもよいですね。

自分から会話のきっかけをつくるのは、かなり行動力が上がるチャレンジです。会話をきっかけに有用な情報を得られたら、ラッキーです。

上級 **美容室、歯科医院などで自分からオーダーする**

さらに上級になったら、たとえば美容室などで話しかけられる前に、自分から髪型のオーダーをしたり、「今日は急いでいるので、○時までにお願いできると嬉しいです」などと気持ちを添えて伝えます。歯科医院やマッサージ店などでもいいでしょう。**聞かれてから答えるのと、自分から先に伝えるのでは、行動力に大きな差が出ます。自分から先に声を掛けたほうが、好印象をもってもらえる可能性も高くなります。**

仕事でも、商談などで初対面の人とお会いしたら、**自分から「お目にかかれて嬉しいです」「今日はよろしくお願いします」**などと、**声を掛ける**習慣をつけましょう。

こうすることで相手との関係性がよくなるだけでなく、自分から声を掛けられたことで自信につながり、より積極的に行動できるようになっていきます。

Point

自分から会話のきっかけをつくると、好印象をもってもらえて、チャンスも広がる

Method 35

口動編 返事はその場でする

そうしないと…

- 相手を不安にさせてしまう
- 意欲がないと思われて、チャンスが流れる

初級 ★☆☆	中級 ★★☆	上級 ★★★
メールやチャットに気づいたらすぐ反応する	感謝の言葉で返信する	次のアクションを伝える

「幸運の女神には前髪しかない」ということわざがあります。

つまり、幸運とは一瞬でつかまえないと、あとになってからではつかむことができない、という意味です。

「またあとで」「いつかやろう」などと悠長にかまえていると、せっかくのチャンスをつかむことはできません。チャンスが来たら、瞬時に反応することが大切です。

初級 メールやチャットに気づいたらすぐに反応する

メールやビジネスチャットなどでメッセージを受け取ったら、**忙しいときでもそのままにせず、すぐに何らかのアクションをしましょう。**

たとえば、「○○のプロジェクトに参加していただけませんか？」というメッセージを受け取ったとします。参加するかどうか、じっくり検討したいとしても、すぐに「メッセージを受け取りました」「後ほど返信します」など、とりあえず受け取ったことを伝えるのです。チャットであれば、既読マークをつけるだけでもかまいません。

相手は、あなたの力を借りたいと思って打診しています。ここでメッセージを放置すると、「メッセージに気づいているかな。ちゃんと読んでくれているかな」と、不安心させることになります。

また、「返事がないから別の人にお願いしようかな」ということにもなりかねません。すぐにリアクションすることで、チャンスをつなぎとめることが大事です。

中級〉感謝の言葉で返信する

受け取ったメッセージについて、「お声掛けくださり、ありがとうございます」「ご連絡ありがとうございます」のように、感謝の言葉で返信します。**感謝の言葉を伝える習慣**をつけたいですね。

上級〉次のアクションを伝える

オファーに応えるときは**「興味があります！」「ぜひやらせてください」**などと即答します。お断りする場合は、丁寧に事情を伝えて残念な気持ちを伝えます。

ここまでは、中級のアクションと厳密に分ける必要はありません。いずれにせよ、**感謝の言葉を伝えてから自分の意思を伝える**ことを意識してください。

その上で、次の打ち合わせの日程を提案したり、次に自分がどう動くかを確認したりします。

よくやりがちなのが、

「追って打ち合わせの日程を決めましょう」

「落ち着いたら改めてご相談します」

など、次の期限を決めずに行動をあいまいにすること。

すると、相手にも「何だか忙しそうだな」「やる気がないんだな」と思われて、そのまま、話が流れてしまう可能性があります。

とにかく、**次につながる具体的なアクションをとることが肝心です。**

気がついたら、その日のうちに連絡することを忘れないようにしてください。

Point

メッセージを放置することは、チャンスを失うこと

Method 36

口動編

「プラス言葉」を使う

そうしないと…

- 潜在意識にネガティブなマインドが刷り込まれてしまう
- 自己肯定感が上がらず、行動力も低下する

初級 ★☆☆	中級 ★★☆	上級 ★★★
「プラス言葉リスト」を作る	「プラス言葉リスト」を使って人を褒める	相手が嬉しくなるポイントを見つけて褒める

次に意識したい口動は、**「プラス言葉を使う」**です。

行動力のある人は、自分もまわりの人も大事にしています。自分のことを認めて肯定できるだけでなく、まわりの人の素敵なところを見つけて、積極的に伝えています。

あなたも、自分と相手の素敵なところに、いち早く気づける人になってください。

とはいえ、自分のことを認めて褒めるのは、少々難しいかもしれません。

自意識過剰のように思えて気《き》後《おく》れもしますし、「本当にそうかな？」と半信半疑になってしまう人も多いことでしょう。自分で自分を褒めるのはハードルが高いと感じる人は、まずは、**まわりの人の「素敵探し」をしてみてください。**

周囲の人の「素敵探し」は、実は自分自身の「素敵探し」と同じ効果があります。

なぜなら、**他人を褒めることは、意識の97%を占めるともいわれる、あなたの潜在意識に届くから**です。潜在意識は主語を認識できない特徴をもっているので、相手に向けて話しても、自分ごとに置き換えて認識します。**他人に向けた悪口も、最終的にはすべて自分に返ってくる**ということです。潜在意識は、自分に向けた悪口だと認識してしまうのです。

また、**潜在意識はイメージと現実の区別ができません**。イメージしたことをそのまま実現しようとします。時間の概念もないため、**過去、現在、未来の区別ができない**という特徴もあります。

さらに気をつけたいのが、**否定語を認識しないということ**。たとえば、「○○さん、明日は、遅刻しないでね」と言うと、相手の潜在意識は「遅刻」のみを認識します。そうして「遅刻」に引き寄せられるかのように、翌朝、本当に遅刻してしまう。このように潜在意識は、価値観や口癖、思考癖、行動パターンとなって表れるのです。

初級 「プラス言葉リスト」を作る

あなたが好きな言葉、言われたら嬉しいと感じる言葉は何ですか？ **心が弾むプラス言葉のリストを作ってみましょう。**

「ありがとう」「すごい」「格好いい」「センスがいい」「頼りになる」「賢い」「優しい」など、思いつくまま、できるだけたくさんの言葉を書き出してください。

中級 「プラス言葉リスト」を使って人を褒める

初級で作ったプラス言葉リストで、**他人に直接伝えてみましょう。**

直接、声を掛けるのは照れくさいという人は、第三者に伝えるのでもいいでしょう。

上級　相手が嬉しくなるポイントを見つけて褒める

上級では、**相手の素敵だと思うポイントに、自分がそう感じる理由を添えて伝えましょう。**

たとえば素敵なところを見つけるには、普段からの観察が必要になります。「○○さんは、いつも先方の要望を素早くキャッチして、提案内容に盛り込まれていますよね。尊敬します！」などと、伝えるのです。

人は、当然のように実践していることを誰かに褒められると嬉しいものです。また、**相手に掛けた褒め言葉はあなた自身の潜在意識に作用し、自己肯定感を上げ、行動力を高めてくれます。**ぜひ、他人を褒めることの効果を体感しましょう。

Point

他人を褒めると潜在意識に作用し、自己肯定感を高められる

Method 37

口動編

「5D」を置き換える

そうしないと…

- やりたいことが見つかったのに行動できない
- 思考が止まってしまう

初級 ★☆☆	中級 ★★☆	上級 ★★★
自分の5Dを認識する	5Dの言葉を言い換える	実現したいことを言語化して、具体策を考える

せっかくやりたいことが見つかったのに、行動にブレーキをかける言葉が心に浮かんでしまうことはないですか？

60ページで、心のブレーキに気づく言葉を5つ挙げました。「でも」「どうせ」「だって」「だめ」「できない」の〝5D〟でしたね。

この5つの言葉が出てきたら、そのまま放置してはいけません。**5Dの言葉は行動だけでなく、思考すらもストップさせてしまうからです。**

5Dの言葉が脳裏に浮かんだが最後、行動できない理由が次々と見つかり、思考停止に陥って強制終了。それ以上、アクションを起こそうとするのをやめてしまいます。

とはいえ、いきなりブレーキを外しましょうと言っているのではありません。**自分がどんな状況でブレーキを発動しがちなのか、思考のクセを知ることが大切です。**そんな自分を受け入れることから始めると、**行動の糸口**が見つかるはずです。

初級 自分の5Dを認識する

まずは、5Dの言葉が口から出たときに、それに気づいてください。

「あっ『でも』って言っちゃった」
「また『どうせ』という言葉を使っちゃったな」
このように気づくだけでも、相当すごいことです。

無意識に使っている5Dの言葉に気づいたら、次に「それって、本当かな？」と問いかけてみてください。これまでの自分の常識を疑ってみるのです。

自分で自分の言葉に気づきにくいという人も、心配は無用です。

家族や会社の同僚など、普段から頻繁に接していて、自分のことをよく知っている人の力を借りましょう。その人たちに協力を仰いで、5Dの言葉が出たら指摘してもらうようにします。

中級〉5Dの言葉を言い換える

たとえば「でも、実現は難しそう」と否定的に言ってしまったら、**「実現するとしたら」「実現するかもしれない」のように、肯定的な文脈で言い換えます。**

「私にはどうせ無理」は「私だからこそ、むしろ〇〇はできる」のように変換します。

現実にできるかできないか、信じるか信じないかはさておき、とにかく〝できる〟方向で言葉を発することに意味があります。

「もし実現するとしたら」のように、If《イフ》を使って思考してみるのもおすすめです。

Ifで考えると、現実社会の制約が取り払われるので、発想が自由になり、いいアイデアが浮かぶかもしれませんし、実際に実現している人が見つかったり、気持ちが前向きになったりする効果もあります。

上級 実現したいことを言語化して、具体策を考える

自分がやってみたいことを自由に描いて言語化し、次に**「どうすればできるか」をできるだけ具体的に考えます。**一度に全部を実行しようとするのではなく、考えたプランを少しずつ行動に移していくことを目指しましょう。

Point

5Dの言葉はそのまま放置せず、肯定的に言い換えるクセをつけよう

Method 38

口動編

「お願いキャンペーン」を実施する

お願いキャンペーン週間
お願いキャンペーン
今週はお願い強化週間です！
みんな、協力してね〜〜

そうしないと…

- 一人で問題を抱え込み、時間をムダにしてしまう
- 自分がやりたいことに時間を使えない

初級 ★☆☆	中級 ★★☆	上級 ★★★
言葉に出して誰かに頼り、相手の表情を確認する	協力してもらえそうな人を5人リストアップする	実際に依頼する

本書で前述した通り、**行動できない人は一人で問題を抱え込む傾向**があります。

しかもそのマジメな気質からくる「完璧主義」が邪魔をして、ムダに時間を使ったり苦労したりしています。

ここで私が強調しておきたいことは、**何か問題が起きたら、誰かに甘えていい、他人を頼っていいのだ**、ということです。

甘えたり頼ったりすることは、迷惑をかけることとは違います。みんなで助け合ったほうが幸せになれるのだと、知ってほしいのです。

初級 言葉に出して誰かに頼り、相手の表情を確認する

特に「一人でやったほうが早い」と思いがちな人にやっていただきたいのが、**お願いのひと言を口にする**ことです。

たとえばカフェに行ったら、店員さんに「メニューを見せてください」「おしぼりをください」など、頼んでみる。職場では「ちょっとペンを貸してもらえますか？」「そこにあるコードを取ってもらえますか？」など、小さな頼みごとをしてみましょう。

そして、これが大事なポイントですが、**頼みごとを口にしたら、少しの時間、相手**

の表情を見てください。なぜ表情を見るかというと、相手が嫌がっていないかを、その表情から確認してほしいからです。

頼みごとをするとき、あなたは「申し訳ないな」と罪悪感をもつかもしれませんが、相手の表情を見れば特に嫌がったり困ったりしていないとわかるはずです。

店員さんなど、サービス業に携わっている人は、サービスを提供することが仕事です。サービスの範囲内の頼みごとであれば、気持ちよく応えてくれます。

頼みごとに慣れない人は、たとえば1週間などの期間を決めて、**「お願いキャンペーン（お願い強化週間）」**を実施してはいかがでしょうか？　イベントにして、意識的に頼みごとを増やすのです。

中級 協力してもらえそうな人を5人リストアップする

次は**助けてくれそうな人を5人、思い浮かべます**。1人なら、家族や親しい友人などがすぐに思い浮かぶかもしれませんが、5人となると、簡単ではありません。

何とかひねり出して5人を書き出すことで、**あなた自身の視野も広がります**。

また、この5人は必ずしも知り合いに限定しなくてもかまいません。スキルシェアサービスのサイトで見つけた人などもアリです。

上級 実際に依頼する

次は、中級で思い浮かべた5人のうちの誰かに、**実際に何かを依頼してみましょう。**

もちろん、5人全員に頼みごとをしてもOKです。

たとえば、パワーポイントでの資料制作が得意なAさんに資料制作を手伝ってもらうとか、後輩のBさんにデータ入力を手伝ってもらうだけでなく、中級で見つけたスキルシェアサービスのような、社外の人に外注するなどの方法も考えられます。

お願いができる自分になれば、**苦手なことに費やす時間が激減し、自分が本来やりたいことへの取り組みが加速**します。

Point
イベント感覚で、気軽に人に甘えたり頼ったりしてみよう

Method 39

口動編

「ありがとうキャンペーン」を実施する

そうしないと…

- やってもらうことが当たり前になってしまう
- お互いに助け合う雰囲気がつくりにくくなる

初級 ★☆☆	中級 ★★☆	上級 ★★★
お世話になっている人に「ありがとう」を言う	5人以上に「ありがとう」を言う	普段話さない人に「ありがとう」を言う

前節で「お願いキャンペーン」を実施しましょうと述べました。
頼みごとを引き受けてもらったら、「ありがとう」という感謝の言葉を伝えましょう。

ここで、チャレンジしていただきたいのは**「ありがとうキャンペーン」**です。これは、**文字通り感謝の言葉を人に伝える機会をたくさんつくる取り組み**です。

楽しかった、嬉しかった気持ちを感謝の言葉に込め、積極的に伝えていきましょう。目指すゴールは**感動や感謝に敏感になること**です。

初級〉お世話になっている人に「ありがとう」を言う

普段からお世話になっている人に、感謝の言葉を伝えます。頼みごとをした直後なら、自然なかたちで「ありがとう」と言えますよね。ここから意識してみましょう。

中級〉5人以上に「ありがとう」を言う

次は、対象をもっと広げて**5人以上に感謝の言葉を伝えます。**前節の「お願いキャンペーン」と連動させて、何かしてもらったときに「ありがとう」と言えば、一気に行動力がアップします。電話を取り次いでくれた、コピー用紙の補充を手伝ってくれた、エレベーターで開閉ボタンを押してくれたなど、日常にあふれる「ありがとう」シーンを意識してみましょう。

朝起きたタイミングで、「今日は5人に『ありがとう』を伝えるぞ」と、自分に宣言するのもいいですね。潜在意識に働きかけることができます。

上級 普段話さない人に「ありがとう」を言う

さて、ここからは上級です。**普段、これといって関わりがない人に「ありがとう」を伝える**には、どうすればいいでしょうか？

まずは、感謝できるポイントを探す必要があります。キャンペーンを意識すると、「ありがとう」を集中的に探せるようになります。

「笑顔で対応してくれてありがとう」
「職場をきれいにしてくれてありがとう」
など、あらゆることが感謝につながります。

「ありがとう」という言葉には、大きな力があります。まわりの人に「ありがとう」を伝えることで、コミュニケーションが活性化し、お互いにもっと助け合えるようになります。

また、**「ありがとう」と口にすると、脳内で幸せホルモンと呼ばれるオキシトシンやセロトニンなどが分泌されます。**

幸せホルモンの効果で、前向きな気持ちにもなれますし、免疫力がアップし、ストレスが緩和されたり、やる気もアップしたりします。その結果、積極的に行動できるようにもなるので、夢や目標も実現できます。

「ありがとう」は、声を掛けられた人だけでなく、声を掛けた人も必ず幸せになれる魔法の言葉なのです。

Point

感謝できるポイントを探して、いろんな人に「ありがとう」と伝えてみよう

Method 40

考動編

書店で気に入った本を買う

そうしないと…

- 文字情報を読み取る力が育たない
- 思考が深まる機会を逃してしまう

初級 ★☆☆	中級 ★★☆	上級 ★★★
お気に入りの本を見つけて最後まで読む	気づいたところに線を引き、ページの角を折る	感想をシェアする

ここからは、**「頭を動かして思考する＝考動」の方法**についてお伝えします。

頭を動かすには、何といっても読書が一番です。映像は受動的に見ていても情報が流れ込んできますが、読書はそうはいきません。**能動的に情報を受け取り、思考をめぐらせて読み取る力**が必要です。また、本を読めば、知識や教養が深まりますし、想像力も豊かになります。語彙が増し、コミュニケーション力がアップする効果も期待できます。こうして本から得られた諸々の力は、行動力の源泉となっていきます。

行動力のある人は例外なく読書家です。読書の学びを行動に変えているのです。

初級〉お気に入りの本を見つけて最後まで読む

まずは、**自分に必要だと思う本を見つけて、最後まで読みましょう。**

ここまで本書を読んでいるあなたは、すでに本に興味をもち、読書習慣も身についていると思います。お気に入りの本を見つけて読むことを習慣にしましょう。

本はオンライン書店で選ぶのもよいですが、私の場合はリアル書店を好んで利用しています。すでに触れたように、カフェが併設されているタイプの書店がお気に入りで、可能な場合には、座席に精算前の本を持ち込んで、試し読みすることもあります。

本を選ぶときは、とにかく直感重視です。タイトルや装幀などを見て、ピンと来た本を手に取るようにしています。

本との出会いは、その後の人生を変えると言っても過言ではありません。あなたもぜひ、ワクワクする気持ちでお気に入りの1冊を選んでみてくださいね。

中級 気づいたところに線を引き、ページの角を折る

本を読んで**印象に残った記述に赤線を引いたり、ページの角を折ったりします。**

線を引く・折り目をつけることを前提にすると、初級のときとは読むときの姿勢が変わります。**集中のスイッチが入り、気になる文章を意識的に探し始める**のです。

また、線や折り目は再読するときにも活用できます。

再読時は、最初に読んだときと比べて自分がアップデートしているので、「何でここに線を引いたんだっけ？」と振り返ることもできます。そこから思考を深めると、自分の成長を感じることができます。

ところで、私は本に線を引いたり折り目をつけたりすると「自分のものになった」と感じられるのですが、世の中には「本に線を引いたり、折り目をつけるのは抵抗が

ある」という人もいます。どうしても本を汚したくないという人は、**気になった文章を手帳やノートに書き出す**のでもかまいません。

気づきが多く、本当に大切だと思える本の場合は2冊買うのもアリでしょう。1冊を保管用に、もう1冊は書き込み用にして、しっかり活用するのです。

上級 感想をシェアする

上級では、**本を読んだ感想を誰かに話したり、SNSに投稿したりしてシェア**します。読書会を開催するのもおすすめです。参加者から、自分にはなかった視点を提供されるなど、新たな気づきを得ることができます。

アウトプットをするとなると、さらに読み方が変わると思います。感想を伝えるときには、自分の経験談や価値観も踏まえることになるので、思考力もアップします。

Point

読んだ本についてアウトプットすると、脳内が活性化する

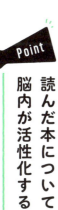

Method 41

考動編 人生の計画を立てる

そうしないと…

- 未来を不安に思い、思考がネガティブに
- どんな自分でありたいか、具体的なイメージが湧かない

初級 ★☆☆	中級 ★★☆	上級 ★★★
明日をどんな一日にしたいか、自由に想像する	1年後のありたい姿を描く	10年後の「今日の一日」のスケジュールを考える

私は、まだ起きていないことに悩んでいるクライアントに**「不安に思っているのは、思考が暇になっているからですよ」**とお伝えすることがあります。

人間は考えるのが得意な生き物です。何も考えることがなくても脳は考えたがるので、どうでもいい「不安」や「心配ごと」まで引っ張り出して、考え始めます。

不安や心配に思考を奪われないようにする方法は、理想の未来を考えることです。

理想の未来を考えると、**思考が前向き**になります。

同じ「考える」でも、〝不安な未来を考える〟のと〝理想の未来を考える〟には大きな違いがあります。

言うまでもなく、後者のほうが行動力をアップさせるのは間違いありません。

初級 明日をどんな一日にしたいか、自由に想像する

遠い未来のことを考えるのが難しいと思う人は、初級として、**明日をどんな一日にしたいのか**を自由に想像してみましょう。

「人に感謝する一日にする」といったテーマを決めるのもよいですし、「行きたかったカフェに行く」「ランチにパスタを食べる」などの具体的な行動予定を考えるのも

ＯＫです。スマホアプリにメモしたり、紙に書き出すのもおすすめです。

中級 1年後のありたい姿を描く

1年後の自分のありたい姿を自由に想像します。会社などで行う目標設定とは違うので、「絶対に達成しなければいけない」などと考える必要はありません。

1年後の自分がどんな生活をしているのか、までは想像できなくても、**「どんな自分でありたいか」**というのはイメージできると思います。肩の力を抜き、ワクワクしながら考えてください。

上級 10年後の「今日の一日」のスケジュールを考える

中級でイメージ力がついた人は、今度は**10年後の「今日の一日」**を考えることにチャレンジしてみましょう。10年後の今日と同じ日、という設定にすると、ちょっとだけリアリティが増します。

たとえば、「新商品の企画会議で、役員の前で堂々とプレゼンをしている」といった姿を想像できるかもしれません。

あるとき、私が主宰しているネクストコーチングスクールで、「感謝祭」イベントを行いたいと思いつきました。きっかけは、講座内で受講生の夢の話を聞いて、私だけではなく、ご家族やご友人、お客様にも共有したいと思ったことでした。

しかし私自身は、そのようなイベントを企画したことも運営したこともありません。

そこで、初級ワークのように「感謝祭の一日」を毎日、思い描くようにしました。

あるとき、知人の出版イベントに参加したところ、私が思い描いていた通りの会場だったので、すぐに予約をしました。その後、必要な備品のほか、司会や映像、音響、チラシ作りなど、次々にピッタリ！　と思う人に出会うようになりました。

そうして、スクールを開講してちょうど2年後、たくさんの方にご来場いただき、「感謝祭」を大盛況で終えることができました。**ありたい姿や叶えたいことを鮮明に描けば、ベストなタイミングで実現できる**ことを体感した出来事となりました。

Point

理想の未来を考えると、不安や心配ごとが減り、前向きな思考が身につく

Method 42

考動編
コミュニティ、セミナー、講演会に参加する

そうしないと…

- 常識に縛られ、新しい価値観を取り入れることができない
- 価値観を更新していかないと思考も広がらない

初級 ★☆☆	中級 ★★☆	上級 ★★★
学びの場を探す	学びの場に参加する	自分にない価値観に気づき、取り入れる

自分の凝り固まった常識を変え、新しい価値観を取り入れるためには、**学びの場に参加する**のが一番です。

職場以外の人と接する機会が少ない人は、会社の外にあるコミュニティに参加してみましょう。

学びの場への参加は、海外に出ることと似ています。たとえば、日本では箸を使って食事をするのが当たり前ですが、世界から見ればこれは当たり前ではありません。人口比率でいえば、手づかみで食べる人口のほうが多いというデータもあります。このように、いろいろな価値観や手法があると知るだけでも、思考の幅が広がります。

初級　学びの場を探す

まずは、**お気に入りの著者の出版イベントやセミナー、講演会などを探す**ところから始めます。極端に自分と価値観が合わない場に参加すると、アウェー感を感じ、「来なければよかった」などと、後悔しかねません。

最初は、興味をもったテーマなどで探すのがおすすめです。

中級 学びの場に参加する

次に、**イベント、セミナー、講演会に実際に参加**しましょう。「学びの場」といっても、さまざまなタイプ、参加者がいると思います。最初のうちは、自分と属性の近い参加者が集まる会や、一方的に話を聴くだけの講演会への参加から始めるとよいかもしれません。現地へ直接行くのが難しければ、オンラインを活用してもいいでしょう。

上級 自分にない価値観に気づき、取り入れる

参加した会で、**自分の中になかった価値観**に気づいてください。気づいたことはメモをしておきます。

たとえば、素敵だなと思った人の物事に対する考え方や、人との接し方を観察してみるのです。**自分を高めるためには、見本となる人を見つけ、その人の素敵なところを見習うのが一番の近道**です。あるいは、残念に感じることがあった場合には、自分が同じような言動をしていないか、振り返るきっかけにもなります。

自分になかった価値観に気づいたら、そのことについて尋ねてみましょう。

私自身、東京に引っ越す前から、たびたび東京で開催される勉強会に参加して、自

分にない価値観に触れてきました。たとえば、同席した人とFacebookでつながったあと、ツーショット写真を撮って送っていただいたことがあります。その方によると、出会った場所や、きっかけを忘れたくないからとのことでした。一期一会を大切にされていることに感銘を受け、私もそうありたいと思いました。

初めのうちこそ、その場に馴染めず緊張していた私ですが、回を重ねていくうちに馴れてきて、やりたいことや、できることが見つかり、すすんで運営の手伝いをするようになっていきました。**自分の価値観を広げてみることで、視野が広がり俯瞰力も身につきます。**もちろん、人脈も広がります。

ただし、こうした場に**出会いだけを求めて参加するのは間違い**です。

「会計の知識を身につけよう」「SNSマーケティングの最新事例を知りたい」など、何でもかまいません。参加目的を明確にして臨みましょう。

Point

学びの場に参加すると価値観が広がり、新たな可能性につながる

Method
43

考動編

限定モノ、ラス1《イチ》を選ぶ

そうしないと…

- いつも同じ選択を繰り返すことになり、感動や驚きがない
- 挑戦することに臆病になり、動けなくなっていく

初級 ★☆☆	中級 ★★☆	上級 ★★★
限定品を選択する	選んだものを経験する	感想をアウトプットする

前節に引き続き、常識を覆すための取り組みをご紹介しましょう。**普段、自分が選ばないものを選ぶ、**というチャレンジです。

これは、108ページ（21：飲食店での注文は素早く決める）の実践です。**あなたは、ランチの際に、毎回同じようなメニューを注文していませんか？**

確かに、一度食べたことのあるメニューは安心感があります。絶対に外さないとわかっているので、一定の満足度も約束されています。しかし、そこには新しい発見は期待できないですし、当然、感動や驚きの要素も見込めないでしょう。

そこで、**「今日しか食べられないもの」**を選んでみましょう。

普段の自分が選ばないものを選ぶと、好奇心や柔軟性が磨かれ、挑戦することに前向きになれます。

初級 **限定品を選択する**

季節限定の商品や数量限定の物を選んで、チャレンジしてみましょう。

意識すると、季節の商品や数量限定品などは、至るところで見つかります。

代表的なものでは、期間限定・地域限定の商品もあれば、カフェや飲食店では季節限定メニューなどが提供されます。コンビニやスーパーの棚は入れ替えが非常に早いので、気になる限定商品を見つけたらすぐさま入手するのが鉄則です。

飲食店では、「一日3食限定」など、限定メニューを提供しているケースがあります。見つけたら、少々値が張っても注文にトライしてみましょう。「ラスト1」と言われたら、中身を確認せずに手を挙げるくらいの積極性が大事です。

ほかには、地方に行くと土産物店でキャラクターグッズのご当地限定アイテムを見かけることがありませんか？　これなど、まさに「そこでしか買えないもの」であり、発見する楽しさもありますね。

中級〉選んだものを経験する

次のステップは、食べ物なら味わう、筆記用具なら使ってみるなど、**初級で選んだものを実際に経験**します。

いつもと違う感動が得られるのではないでしょうか。

上級 感想をアウトプットする

最後のステップでは、**経験したものについて、感想をアウトプット**します。

職場の同僚に伝えるとか、SNSに投稿するなどの方法があります。YouTubeの新商品紹介動画を参考にしてもいいですし、テレビ番組の食レポをイメージしてもいいかもしれません。

感想をアウトプットするとき、実際の経験が〝失敗〟していたとしてもかまいません。それはそれで、最高の〝ネタ〟になるからです。たとえ、限定品のランチが、香辛料が強すぎて自分にはおいしく食べられなかったとしても、**誰かに話して楽しんでもらえたり、情報を役立ててもらえたりしたなら、その失敗は報われる**というもの。

そもそも、ランチで失敗したところで大した痛手ではありません。低コストで失敗を経験できるのですから、積極的にチャレンジしていきましょう。

Point

定番にこだわるのをやめ、限定品、新商品にもどんどんチャレンジしよう

Method 44

考動編

自分と約束をする

そうしないと…

- 自分の思いと行動にズレが生じて、モヤモヤしてしまう
- 心に葛藤を抱えて自信を失い、ますます行動できなくなる

初級 ★☆☆	中級 ★★☆	上級 ★★★
自分との約束を決める	約束を期限や数字にして表す	1《ワン》アクションを実践する

「本当は副業をしたいのに、何もできていない」
「英語の勉強をするつもりだったけど、途中でやめたままになっている」

このように、自分の思いと行動にズレが起きているとき、私たちは罪悪感に苛《さいな》まれ、モヤモヤした気持ちになります。**心に葛藤を抱えて自信を失い、ますます行動できなくなるという負のループにはまってしまう**こともあります。

そこで取り組んでいただきたいのが、**思いと行動を一致させる**ことです。**自分の気持ちに正直に動くことで、自分のことを好きになり、罪悪感を取り除いていく**のです。

初級 自分との約束を決める

まずは、自分と約束する内容を決めます。

何かやりたいと思いつつ、ついついあと回しにしていることはありませんか？ **あと回しにしていることを見つける**のが、初級のミッションです。

たとえば「やせたい」という思いがあるなら、やせると自分と約束します。

お金を貯めたいと思いながら、ついついムダ遣いしてしまっている人は「○○円貯める」が約束になります。「FP3級試験に合格する」など、具体的な目標を設定できるとなおいいですね。

中級 約束を期限や数字にして表す

次のステップでは、初級で決めた**「自分との約束」に数字を入れてみましょう。**

「10月までに3キロ痩せる」
「年末までに50万円貯める」
「9月のFP3級試験に合格する」

このように期限や数字を入れることで、約束を明確にします。

上級 1《ワン》アクションを実践する

中級で決めた**約束にもとづいて、1《ワン》アクションを実践します。**

ダイエットにチャレンジする場合は、「体重計を買う」「ジムの入会手続きをする」「トレーニングウェアを買う」などが考えられます。実際にダイエットをする前の準備段階のアクションでも大丈夫です。

資格試験の受験でいえば、「問題集を買う」とか「合格した人に勉強法について聞いてみる」など、すぐにでも実行できそうなアクションを考えてください。ここで大切なのは、「なぜ？」です。理由を明確にすることで、行動する意味づけができます。

なかなかアクションに踏み切れない人は、中級の約束を変えてもかまいません。「3キロやせる」をやめて「1キロやせる」にするとか、「50万円貯める」を「30万円貯める」にするなど、ハードルを低くするのです。

あくまでも大事なのは、**思いと行動を一致させることです。少しでも行動すれば、罪悪感が解消され「自分にもできるかも」という自信が芽生えます。**このちょっとした心の動きを大事にしてください。

Point

思いと行動を近づけることで罪悪感が解消され、自信がもてるようになる

Method 45

考動編

憧れの人から「学ぶ」

①
憧れの人物を見つける
②
惹かれる理由を考える
・カッコいいのに気さく
・ファンサ忘れない
・プロ意識
・努力
自分もそうありたい
③
その人のストーリーを調べる
・小さい頃に苦労してる
・何度も転勤した！
・逆境に負けない…
・デビューまでいろいろ…
→共通点ある！

そうしないと…

- いつまでたっても憧れのまま、越えられない
- 「あの人と自分は違う」と思い込んで、挑戦をあきらめる

初級 ★☆☆	中級 ★★☆	上級 ★★★
生き方に憧れる実在の人物を、一人見つける	その人のどこに、なぜ惹かれるのかを考える	その人の背景やストーリーを調べる

憧れの人や尊敬している人を見るとき、多くの人は「あの人は特別。私とは違う」「あの人だからできるんだ」などと考えがちです。

確かに、憧れの人や尊敬する人は、あなたにとっての〝特別な人〟です。けれども、実は**あなただって特別な人で、唯一無二の存在**です。

自分も憧れの人も同じ人間であって、もともと特別な人なのです。**「憧れの人と自分は違う」というバイアスは、ぜひ取り除いてほしい**と願います。

初級〉生き方に憧れる実在の人物を、一人見つける

初級では、まず憧れる人物を一人だけピックアップします。芸能人でもインフルエンサーでも、経営者でも、あるいは歴史上の人物でもかまいません。

中級〉その人のどこに、なぜ惹かれるのかを考える

次に、その人に憧れているポイントについて考えます。「あきらめないところ」「他者に貢献しようとするところ」など、いろいろ気づくところがあるはずです。

憧れのポイントを探すことは、**実は「こうありたい」という自分の理想を見つける**

作業でもあります。

とはいえ、そこまで深く考えずに、**純粋にテンションが上がるポイントを探す**だけでも十分です。

上級〉その人の背景やストーリーを調べる

最終ステップでは、**その憧れの人について、背景やストーリーを調べてみましょう。**

憧れの人は、テレビやメディアに出演していたり、何らかの思いや実践していることを定期的に発信しているのではないでしょうか。そういった過去の資料をチェックして、その人の背景情報や若い頃のストーリーを追いかけるのです。

話が直接できる人なら、時間をつくってもらって聞き取りをするのもよいでしょう。

ストーリーを知ると、たとえば「子どもの頃は勉強が苦手だった」「決して裕福ではない家庭で育った」などの発見が得られます。

このとき、特におすすめしたいのが、**自分との共通点を探す**ことです。

「同じ地方に生まれた」「大学受験で挫折をした」といった共通点が見つかると親近

感がわきます。

「自分も同じような経験をしている！」

「自分とは違うと思い込んでいたけど、もしかしたらそんなに違わないかも」

「自分にもできるかもしれない」

このように勇気を得ることができれば、モチベーションが上がっていきます。


憧れの人の行動をすべて真似る必要はありません。大事なのは、**憧れの人と自分は同じ人間であり、自分も特別な人であると気づくこと**です。

そこに気づくだけで意識が変わり、物事への向き合い方が変わります。**過度に萎縮することがなくなり、必要に応じて一歩を踏み出せるようになる**のです。

Point

憧れの人との共通点を探せば、自分の価値に気づくことができる！

Method 46

考動編

やりたくないことを把握する

そうしないと…

- やりたくないことを渋々やり続けることになる
- 「変えられない」思考に縛られ、すべてに対して後ろ向きに

初級 ★☆☆	中級 ★★☆	上級 ★★★
「やりたくないこと」を7つ書き出す	回避する方法を探す	考えたアイデアを実行する

もし今あなたが、やりたくないことを渋々やっているのであれば、そこに時間をかける必要はありません。**今、この瞬間から、「やりたくないことは、やらなくていいんだ」というマインドに切り替えてください。**

気乗りしないことを渋々やっている人は、「変えられない」「仕方がない」とあきらめる傾向があります。この、「変えられないマインド」こそがあなたを苦しめる「思考の鎧」です。

94ページ（19：苦手なことを知る）では、得意な人に頼って問題解決をする考え方をご紹介しましたが、ここではもっと幅広く解決方法を探ってみましょう。

初級 「やりたくないこと」を7つ書き出す

まずは手始めに、**素直な気持ちで「やりたくないこと」を7つ書き出してください。**

「満員電車には乗りたくない」
「上司の雑談に付き合いたくない」
「残業したくない」
「家に持ち帰って仕事をしたくない」

「食器洗いをしたくない」

など、いろいろ出てくると思います。頑張って7つ、書き出しましょう。

続いて、**「なぜ、やりたくないのか」**も書き出してみてください。大切なことは、**そう思っている自分を受け入れること**です。

中級 回避する方法を探す

次に、初級で書き出した**「やりたくないこと」を回避するための方法を探します。**

「満員電車に乗りたくない」に対しては、「自家用車で移動する」「グリーン車に乗る」もあるでしょうし、「時差通勤をする」「テレワークをする」という方法もあります。

「上司の雑談に付き合いたくない」には、「雑談が始まりそうなタイミングで休憩を取る」「上司の在席時間にアポを入れて外出する」などが解決策として使えそうです。

「残業したくない」は、「ムダな作業を見つけてやめる」「会議の時間を短縮するために終わりの時間を決める」などが考えられるでしょうか。

ここまで本書を読んできたあなたなら、十分に思考力が上がっているはずなので、いい発想ができるのではないでしょうか？

上級 考えたアイデアを実行する

いよいよ、**中級で考えた解決策を実践**してみましょう。

解決策を実行した結果、やりたくないことを回避できれば**「もう、あきらめなくていい」**という自信につながります。

また、「やりたくないこと」を回避しながら、同時に逆の「やりたいこと」も見つかっているはずです。そのときは、「やりたくないこと」をやめて「やりたいこと」をやる方向にシフトチェンジを試みましょう。

やりたくないことが見つかったときは、捉え方を変えてみてください。**「やりたくないこと」には、何かを改めるチャンスが隠れている**かもしれないのです。

Point

やりたくないことは必ず回避できる。柔軟な発想で解決策を見つけ出そう

Method 47

行動編

1日1《ワン》アクション

そうしないと…

- 「今日も行動できなかった・・・」と自己否定の無限ループに
- 達成感が得られないので、自分に自信がもてないまま

初級 ★☆☆	中級 ★★☆	上級 ★★★
カバンの中身を整理整頓する	今いる場所から半径3メートル以内を整理整頓する	手つかずのところを整理整頓する

ここからは、**足や体を動かす「行動力」の高め方**について解説します。

まずは、**1日に一つのアクションをとることから始めます。**「一つのアクションができた」という成功体験を積み重ねることが目的なので、どんなに小さなアクションでも大丈夫です。

成功体験の積み重ねは、達成感と自信をもたらし、行動レベルを徐々に引き上げていきます。ここではわかりやすく達成感を得るため、整理整頓・掃除のアクションをご紹介します。

初級〉カバンの中身を整理整頓する

まずは、毎日使っている**カバンの中を整理しましょう。**

もう使わない資料が入っていたり、買い物のレシートや充電ケーブルなどが絡み合っていたりするかもしれません。

いらないものは捨てると同時に、バッグの中は定位置を決めてそれぞれを収納します。定位置を決めれば、必要なときにすぐに取り出せるようになります。

こんなちょっとしたようなことでも、自分の心に与える影響は絶大です。

中級　今いる場所から半径3メートル以内を整理整頓する

次に、少しだけ視野を広げて**半径3メートル以内の場所を整理整頓**します。

自分が仕事をしているデスクの上、引き出しの中、お財布の中など、目につくところをスッキリさせます。

パソコンのデータを整理したり、スマホで使っていないアプリを削除したりするのもおすすめです。

上級　手つかずのところを整理整頓する

最後は、クローゼットの中や本棚、デスクまわりなど、**気になりながらも、つい目をそらしてきたところに手をつけましょう**。不要なモノが多すぎるとか、整理できていない場合には、整理整頓してから掃除します。期日を決めてやるのがいいでしょう。

職場では、共同で使っているロッカーや、倉庫などを掃除するのもいいですね。職場内で共有するデータを整理して、ファイル共有のルールを決めるといったチャレンジも素晴らしいです。

自分にできないことは人に頼んだり、プロに任せるという手もあります。

上級までできるようになると、**かなり視野が広がります。**常に**「何か、自分にできることはないかな？」**という視点で考えるようになるので、気づく力も高まります。

気づいて実行すれば、まわりからも感謝され、大きな達成感が得られます。必然的に行動力も上がります。

とはいえ、無理は禁物です。大切なのは**1日1アクションを習慣化すること。**大きなアクションを習慣化しようとして挫折してしまったら、元も子もありません。今日はカバンの整理、明日は財布の整理、明後日《あさって》は引き出しの整理、明々後日《しあさって》は写真データの整理……といった具合に、毎日少しずつアクションを行い、**余力があるときに上級のアクションにチャレンジ**してみましょう。

Point

小さなアクションを習慣化し、日々の成功体験を積み重ねよう

Method 48

行動編
「やったことがないこと」をする

そうしないと…

- 変化することが怖くなってしまう
- 成長の機会を逃してしまう

初級 ★☆☆	中級 ★★☆	上級 ★★★
自分の「行動パターン」に気づく	今まで「やったことがないこと」をする	新しい発見を楽しむ

あなたは**「変化」**という言葉にどのようなイメージをもっていますか？　変化するのが怖いとか苦しいと思ってはいないでしょうか？

変化は、本来楽しいものです。新しいものに触れたり体験したりすることを通じて、人は成長することができます。

それに、どんなに変化を恐れようとも、**私たちは変化から逃れられません。**人は、変化の中で生きているのであり、本当の安定とは、変化の中にこそあるのです。

あなたには、**「自分を成長させる楽しさ」**に気づいてほしいと思います。

初級〉自分の「行動パターン」に気づく

日常を振り返り、**パターン化している行動を確認**します。

「朝食には、いつもパンを食べている」
「毎朝、同じ時刻のバスに乗っている」
「通勤電車は、いつも3両目に乗車している」
「いつもコンビニで、コーヒーとチョコを買っている」

など、固定化している行動にいろいろ気づくはずです。

中級　今まで「やったことがないこと」をする

次は、**いつものパターンを崩してみましょう。**

「朝食に、ご飯を食べてみる」
「1本早いバスに乗ってみる」
「通勤電車は、これまでと違う車両に乗ってみる」
「いつもと違うコンビニに寄って、違う銘柄のコーヒーを買う」

このように**初級で気づいた行動に変化を加えます。**

たとえば、通勤電車でいつもと違う車両に乗ると、駅に停車したときに見える景色や看板が変化します。

通勤時に、一つ先の信号を渡るようにするだけでも、受け取る情報に変化が生まれるので、結構な変化を体感できるようになります。

上級　新しい発見を楽しむ

最後は、**パターンを崩したことで得た発見を楽しんでください。**

たとえば、通勤電車でこれまでと違う車両に乗ったら、乗り合わせる乗客にも変化が生まれます。面白そうな本の広告を目にするかもしれません。

通勤経路を変えたことで、新しく開店したパン屋さんを発見する可能性もあります。そこで買い物をするのはワクワクする体験です。これこそが、変化に気づいて楽しむということです。

私は、アイデアに詰まったり、問題に直面して出口が見えなくなったとき、よく書店に出かけます。たまたま手に取ったビジネス書から、資料作りのアイデアがひらめいたり、問題解決の糸口を見つけた経験も多々あります。

誰しも、自分の頭の中だけで解決策を考えるのは、限界があります。著者や先人の知恵を借り、自分に置き換えて考えることで、脳が刺激を受けます。

変化を楽しむ思考を身につけることで、変化を恐れる気持ちがなくなり、新しいチャレンジを楽しめるようになるのです。

Point

いつもの行動パターンを変えるだけで、変化を楽しめるようになる

Method 49

行動編

小さな夢を叶える

そうしないと…

- 自分が動いた結果としての達成感を得られない
- 自己効力感が生まれないため、行動力が育たない

初級 ★☆☆	中級 ★★☆	上級 ★★★
「行きたい場所」を見つける	「行きたい場所」に行く	やりたかったことを「体験」する

次に取り組んでいただきたいのは、**「小さな夢を叶える」**というチャレンジです。「夢」というと少し大げさに聞こえますが、叶えるのは小さな夢です。本当にちょっとしたことでかまいません。

小さな夢をもち、自分が動くことでその夢を叶える。そうして達成感を味わうことに大きな意味があります。

人は、夢を叶える経験を繰り返していくうちに、**「自己効力感」**[※]で満たされていきます。そうなれば、**自然と行動力も上がっていく**はずです。

初級〉「行きたい場所」を見つける

行ってみたい場所、憧れのお店などを見つけましょう。

旅行で行ってみたい街でもよいですし、見てみたい景色でもかまいません。行ってみたいレストラン、カフェなどのお店でもＯＫです。

「一度見てみたい絶景」
「一度入ってみたい温泉」
「一度泊まってみたいホテル」

※自己効力感：「自分ならできる」「うまくいく」と、自分の能力を信じられる感覚のこと

など、特定の視点から見つけるのもいいですね。

あくまでも〝小さな夢〟なので、気軽に行ける場所でかまいません。

「近所にできたビーガンスイーツのお店」

「隣町にあるファッションモールや美術館」

など、その気になれば、行きたい場所はいくらでも見つかります。

中級 「行きたい場所」に行く

次は、**初級でリストアップした場所について、実際に足を運びます。**

おそらく、「行きたい場所」を見つけること自体は、簡単だったと思います。

前から気になっていたお店とか、ネットで見て行きたいと思っていた場所を、マップアプリにピン留めしていた人もいるでしょう。

でも、**「いつか行こう」と思いながら、そのままにしていた場所がほとんどなのではないでしょうか？　大事なのは「いつか」をそのままで終わらせないことです。**

この項目をきっかけに、行き方を調べてみる、行く日を決めるなど、次の行動に踏み出しましょう。**今が小さな夢を実現するチャンス**です。

上級〉やりたかったことを「体験」する

仕上げに、**実際に行った場所で、やりたかったことを体験**します。

「行きたかったレストランで食事をする」

「行きたかった観光地で写真を撮る」

「自動車ディーラーで、憧れていたクルマに試乗させてもらう」

実現すると達成感がわいてきます。この達成感を忘れず、早速、次の目標を立ててみてください。つまり、初級から上級をくり返すのです。

あなたは、やりたいことを実現する力をもっています。

行動できる自分を信じてください。

Point

「行ってみたかった場所」に行き、小さな夢を実現しよう

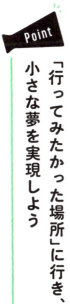

Method 50

行動編

なりたい自分にふさわしい「場所」で行動する

そうしないと…

- いつまでたっても、やりたいことが手につかない
- なりたい自分になれない

初級 ★☆☆	中級 ★★☆	上級 ★★★
理想の自分にふさわしい「場所」を決める	その場所で、やりたいことを「体験」する	なりたい自分に「なりきる」体験をする

ここまでお読みになった方は、自分のやりたいことが明確になってきたと思います。

あとは、**自分のやりたいことに集中できる環境をつくり、継続して実行する**だけ。

自分のやりたいことをやると決めたら、言い訳に使う時間がもったいなく思え、**お金の使い方も浪費から自己投資へ**と変わります。普段の生活の中からムダなものを省き、スピーディに動く。これを習慣づけておくことが肝心です。


あなたがやりたいことに集中できる環境は、どこでしょうか？

小学校の教員になりたいなら、教育職員免許状を取得できる学校に行く必要がありますし、英会話を上達させたいなら、現地に住んで生活するのが一番早い、となるかもしれません。「やりたいこと」には、それぞれ適した場所があるでしょう。

これは、今すぐ環境を変えようと言っているわけではありません。まずは、あなたのやりたいことに集中できる環境＝場所がどこなのか、知ることから始めましょう。

初級〉理想の自分にふさわしい「場所」を決める

場所をイメージすることは、実現に向けて一歩踏み出すのと同じ効果があります。

実現に向けたアイデアが浮かんだり、工夫次第では「疑似体験」も可能になります。

先の例なら、教員免許を取得できる大学のオープンキャンパスに行ってみる、外国人が集うお店に通ってみるといった疑似体験が思い浮かぶでしょう。すると、頭の中で考えていたときとは違って、具体的なイメージが膨らみ、可能性が広がります。

あなたが理想とする「なりたい姿」を実現している人は、どこで、何をしていますか？　あなたの生活や仕事に取り入れられそうなものは何でしょうか？

中級〉その場所で、やりたいことを「体験」する

次に、**なりたい自分にふさわしい場所に行き、やりたいことを体験しましょう。**

前述の通り、私は毎月、東京の麻布十番でコーチングを受けたり勉強会に参加したりしていたのですが、続けるうちに、**自分もここでできることがないか**と考えるようになりました。東京に行く日に合わせて、勉強会を開催することに決めると、協力者が現れたり、セミナールームの場所も見つかりました。

やりたいことを体験しているうちに、ステージが開けて**「学びに行く」というマインドから、「仕事に行く」というマインドに、**大きく変わったのです。

上級 なりたい自分に「なりきる」体験をする

仕上げは、**なりたい自分に「なりきる」体験**です。

あなたにとって、なりたい自分の「なりきり体験」とはどのようなものでしょう？

私の場合は、東京で勉強会を開催すること自体が「なりきる」体験でした。まずは企画書を作り、「誰のために」「何のために」を明確にしました。

すると、一人また一人と受講生が来てくれるようになり、**「なりきって」行動することで、自分の中の常識がどんどん変わり、挑戦が楽しくなっていった**のです。

「なりきり体験」は、次のステージを開く扉です。誰しも、現実の自分と、なりたい自分の姿にはギャップがあるもの。その差を一気に埋めて、**なりたい自分が見るであろう景色を先に見せてくれるから、挑戦も楽しめるようになる**のです。

Point

理想の自分にふさわしい「場所」に身を置き、なりたい自分になりきってみよう

Method 51

行動編

感動体験を生み出す

そうしないと…

- 毎日の変化に気づかず、感情に鈍感になる
- 喜怒哀楽のない単調な生活を送ることに・・・！

初級 ★☆☆	中級 ★★☆	上級 ★★★
自分の「感情」を知る	感動を与える準備をする	誰かに感動を与える

「記念日」や「イベント」というと、日常ではない、何か特別なものというイメージがあるかもしれません。

しかし、私は毎日が記念日であり、イベントだと思っています。同じような毎日を過ごしていると気づきにくいかもしれませんが、**私たちは毎日新しい体験をしています。毎日新しい自分を生きているのです。**

感動体験に敏感になれば、一日一日が記念日やイベントの連続であると気づきます。

ここでは、**感動体験に敏感になり、自ら感動イベントを生み出す方法**をお伝えします。

初級 自分の「感情」を知る

まずは、**今の自分の感情を知ることから始めましょう。**

具体的な方法の一つが**「感情を喜怒哀楽に分ける」**です。今日一日を振り返って、自分の感情が喜怒哀楽でいうとどれだったのかを考え、日記などに記録します。

「喜・楽」がよくて「怒・哀」が悪いというわけではありません。この段階では、自分の感情に気づくことが大切なのです。

「なぜ感情が動いたのか」という視点から自分の感情を分析することで、どんなときに「嬉しい」「楽しい」と感じるのかを把握できるようになります。自分が感動するポイントがわかるということです。

中級〉感動を与える準備をする

次は、自分が感動したポイントを参考に、**他人に感動を与える準備**をします。

たとえば、自分が有給休暇を取っている間に、同僚がお客様からの問い合わせに対応して、必要な書類を送ってくれていたとしましょう。

本来なら、同僚はそこまでしなくていいにもかかわらず、わざわざ時間を割いて動いてくれたとなれば、感動して嬉しくなりますよね。こういった体験が感動イベントであり、記念日であると思ってほしいのです。

そこで、今度は自分が誰かに感動を与えることを考えます。

たとえば、次に有休を取ろうとしている人に**「休みの間、何かやっておくことはない？」**とひと声掛けてみるのはどうでしょう。相手のために何かをするという「心の準備」をするということです。

上級 誰かに感動を与える

最後は、**実際に感動を与えるアクションを行います。**

先述の例でいえば、「不在時に届いた荷物を代わりに受け取る」「会議の議事録を代行する」などが考えられるでしょう。

人に感動を与えられれば、自分も相手もポジティブな感情になります。さらに、あなたの行動力は確実にアップします。

感動を与えるといっても、何かたいそうなことをしなければいけないということではありません。**自分が人からしてもらって嬉しかったことで、相手が求めていることがあれば自分でも実践してみる**ということです。

感動のイベントを毎日、つくり出していきましょう。

Point

毎日、感動体験をして、他人に感動を与える人を目指そう

ようやく動き出したあなたにとって、
一番の課題となるのが「行動の継続」です。
夢の実現や目標達成に欠かせない「継続力」は
どうしたら身につけることができるのでしょうか。
カギとなるのは「習慣化」です。

第5章

「すぐやる人」は動き続ける！

習慣力を味方につけて人生を切り拓《ひら》こう

動き出したあなたに必要なのは、
とにかく「継続」すること。
それが「習慣」になったなら
もはや誰も、あなたを止められない！

いきなりですが、自転車に乗っているシーンを想像してみてください。ペダルをこぎ、自転車が加速するにつれ、景色はどんどん後方へと流れます。さらに加速すると、空気の抵抗を感じるようになります。

人は自ら変わろうとしたとき、または何かを変えようとしたとき、同じように**何かしらの抵抗を受けることがあります**。

私たちのまわりにいるのは、自分のことを応援し、励ましてくれる人たちばかりとは限りません。

なかには、**心配を装って否定的な言葉を掛けてくる人も**います。

でも、それはあなたが**「行動している」という何よりの証拠**です。

誤解してほしくないのは、あなた自身が否定されているわけではないということ。あなたと、その人のいる場所が遠く離れつつあるだけのことです。

批判的な言葉を掛けられても、言葉を尽くして自分のことを理解してもらおうとしたり、相手に議論をふっかける必要はありません。

ただ「お先に行きます」という姿勢で動き続けることです。動いていれば、あなたと同じ速度で歩んでいる人たちと出会うようになります。

最終章となる本章では、動きだした自分を止めないための「継続のしくみ」について、お伝えします。

夢の実現や目標達成に欠かせないのは「継続力」です。継続にまつわる有名なことわざがあります。

一つめは**「継続は力なり」**。何事も続けることで成果が得られることを表し、**「あきらめずに取り組むことそのものが能力の一つである」**という意味もあります。

そして二つめは**「石の上にも3年」**。「石の上に3年も座っていれば、石もあたたまる」ことから、**どんなにツラくても辛抱していればいつかは成功する**という意味の言葉です。

いずれも継続がもつ大きな力を示していますが、一方では「三日坊主」という言葉もあるように、**継続することは簡単なことではありません。**

ましてや新しく始めた取り組みであればあるほど、**習慣になるまでの意識づけ**が必要となります。

そこで本章では、習慣化の方法として、今すぐできる簡単な方法をまとめました。段階的に成功体験を得られるように、3ステップに分けてお伝えしていきます。


注意していただきたいのは、**いきなり上級を目指さないこと**です。

まずは、好きなものからでよいので、取り組む項目を決め、初級からスタートしてみましょう。**自分の意思で選ぶことが大切**です。

初級が意識せずにできるようになったら、中級へとレベルを上げてください。もちろん、初級や中級がもともと実践できている内容であれば、上級から取り組んでいただいてもかまいません。

楽しみながら、トライしていきましょう！

Method 52

イベントを企画する

そうしないと…

- いつも受け身にまわり、自分から行動を起こせなくなる
- 周囲の人を巻き込む楽しさや達成感を味わえない

初級 ★☆☆	中級 ★★☆	上級 ★★★
イベントを企画する	イベントの準備をする	イベントを実施する

行動できる人は、周囲の人を巻き込んで一緒に動くのが上手です。

しかも、人を巻き込むことが習慣化しているので、あえて意識するまでもなく、当たり前のように仲間を誘って大きな輪にしていきます。

他人からきっかけを与えてもらうだけでは、行動の幅もチャンスも広がりません。

そこで目指してほしいのは、**きっかけを与える側にまわる**ということです。

人を巻き込む力を身につけ、いろいろな人にきっかけを与える。**そのとき得られる達成感には、非常に大きなものがあります。**

「きっかけを与えられたとき」と「自分から仕掛けたとき」の違いを、ぜひ体感してください。

初級〉イベントを企画する

思い切ってイベントを企画してみましょう。

職場内での勉強会や読書会、ランチミーティング、ワークショップなどを企画・提案します。

ハードルが高いと感じる人は、忘年会や新年会などを企画して、幹事を引き受けるのでもOKです。

自分から人を巻き込んだことがなく、一人で何かやるのは荷が重いという人は、**誰かと一緒に共同で企画する**のなら、ハードルが低くなるかもしれませんね。

ここでの目的は、**言われてから動くのではなく、自分からきっかけをつくるというマインドを身につけること**にあります。

本来は、今あなたが頑張って動かなくても誰も困りません。**でも、面倒だからという理由で動かなかったら、この先もずっと動けない状態が続くだけ**です。

今この瞬間から、「面倒くさいな〜」と思う気持ちを乗り越えてください。

乗り越えて行動すれば、必ず人生が変わります。

中級 イベントの準備をする

企画したイベントを、**実施に向けて具体化していきます**。

勉強会でしたら、内容や参加者、実施時期や場所などを考え、企画書にまとめます。

いろんな人に声を掛けて参加を募る、会場を押さえる、告知する、配布資料を用意するなどの段取りも含まれます。

これも一人で進めるのが難しい場合は、誰かと一緒に動くことを考えましょう。

上級〉イベントを実施する

いよいよ、**企画したイベントを実施**します。

最初は小さな規模からスタートして、徐々に拡大していくのもよいでしょう。

たとえば、気が合う人と本を読んで感想を言い合う読書会や、カフェ勉強会などを立ち上げ、一人ずつ参加者を増やしていくなどの方法もあります。

イベントを立ち上げて無事に運営する経験を繰り返せば、**視野が広がり工夫する力もつきますし、プロデュース力もつきます。**

また、**何事も率先して動けるように**なるのです。

Point

人を巻き込んでイベントを企画し、実施しよう。自分から動いたぶん、達成感も大きくなる

Method 53

朝のモチベーションを高める

そうしないと…

- その日一日、やる気が上がらず成果も出ない
- 充実した一日を過ごせないことで、自己嫌悪に陥る

初級 ★☆☆	中級 ★★☆	上級 ★★★
今日のスケジュールを確認する	どんな一日にしたいかを考える	ベストを尽くす

朝からモチベーションを高めることができれば、その日一日、いろいろなチャレンジができるようになり、充実した一日を過ごすことができます。

毎日充実した時間を過ごし、やりたいことを実現していくための、**モチベーションを高める毎朝の習慣**についてお伝えしましょう。

初級〉今日のスケジュールを確認する

朝起きたあと、今日一日の予定を確認します。

スマホや手帳などに予定やＴｏＤｏを書いている人は、その情報をチェックします。朝はバタバタしていて時間がないという人は、前日の寝る前に行うとよいでしょう。

予定を確認しながら、**自分と約束をします。**

「今日もいい日にしよう」「楽しい一日にしよう」「精一杯やろう」といった意識をもつだけでＯＫです。

自分のやる気スイッチを「オン」にするつもりで行ってください。

中級〉どんな一日にしたいかを考える

次に、**今日の予定を踏まえた上で、どんな一日にしたいかを考えます。**

40ページ（7：理想の一日スケジュールを書く）では「明日どんな一日にしたいか」を、実現するかどうかは問わずに自由に発想しました。

ここでは、現実的なToDoを確認しつつも、「こうなったらいいな」「こんなふうにやってみよう」のように、理想的な行動をイメージします。

「○○社の担当者と初めて顔を合わせる。メールでもらった提案にお礼を伝えよう」

「○○さんをランチに誘って、仕事のアドバイスをもらおう」

「会議のときに、一つでもいいから建設的な発言をしよう」

などと考え、うまくできている自分を想像します。

一日が終わったときに充実感を味わうというゴールから逆算して、今から何ができるかを考えてください。

上級〉ベストを尽くす

最後は、**イメージした行動をとることができるように、ベストを尽くします。**

事前に想像した通りにできなかったとしても、落ち込む必要はありません。

そのときは改善ポイントが見つかったということで、よしとしましょう。**新たな目標ができてよかった、と思うくらいのポジティブさ**が大事です。

ここでは、**中級で考えたことを、具体的に次の行動につなげることを考えます。**

「○○社の担当者に、提案のお礼を伝えるには、いつ、どんな言葉で伝えよう」

「○○さんに、成功事例を教えてもらうための質問を用意しておこう」

「次の会議で、建設的な発言をするために、○○の資料を準備しておこう」

ここまで細かく考えることができるようになれば、ベストを尽くすために必要なことや、準備すべきものに気づけるようになります。また、心がまえも変わります。

このように**先取りマインド**を身につけることで、ただスケジュールをこなす以上の**「主体性」が育まれ、能動的に捉えるクセが身につく**ようになるでしょう。

このサイクルを確立すれば、あなたも確実に行動できる人になれます。

Point

毎朝「やる気スイッチ」をオンにしてから、一日をスタートしよう

Method 54

振り返る時間をつくる

そうしないと…

- 時間に流されてしまう
- 過去の教訓を生かして次のチャレンジにつなげられない

初級 ★☆☆	中級 ★★☆	上級 ★★★
今日一日を振り返る	気づいたことを書き出す	改善して次につなげる

前節では、朝の習慣について触れましたが、今度は夜の習慣についてご紹介しましょう。理想とする未来を実現するためには**過去を振り返る時間も大切です。過去の経験から課題を見つけ出し、次のチャレンジにつなげる。それによって、成長していける**からです。

初級 今日一日を振り返る

まずは、**今日一日の出来事を、時系列で振り返ってみましょう。**

就寝前など、心身ともにリラックスした時間に「今日はどんな一日だったっけ？」と回想します。

おすすめしたいのは、**ポジティブな出来事を中心に思い出す**ことです。

「今日の楽しかったことベスト3」
「今日の嬉しかったことベスト3」

など、テーマを決めて振り返るのもよいでしょう。

中級 気づいたことを書き出す

次は、**初級で気づいたことを日記やブログなどに書き出します。**
たとえば楽しかったことだけを三つとか、感動したことだけを三つなど、箇条書きで書くだけでもかまいません。短くまとめて3行程度で書くという目標にすれば、習慣にしやすいと思います。

ポジティブなことにフォーカスして書き続けることは、メンタルが徐々に前向きになり、モチベーションがアップする効果も期待できます。

短くまとめる日記やブログに慣れてきたら、もっと詳しく書くことにチャレンジしてみてください。

最初に「今日の出来事や近況」を書き出します。次に、「楽しかったことや嬉しかったこと」を書き出し、最後に「改善点や明日の目標」を書いて終わるという具合です。

その日一日を振り返って、**自分が感じたことや考えたことを、少し掘り下げてみる**のもおすすめです。**反省点だけを書き出すとテンションが下がってしまうおそれがあるので、ポジティブな内容で終わる**ことが、行動力を上げるポイントです。

上級 **改善して次につなげる**

最終ステップでは、**改善点や気づいたことを次のチャレンジにつなげていけるように工夫**していきます。

また、過去の自分と比べてできるようになったことを書き出してもいいでしょう。

「昨日よりうまくできた」

「自分は成長できている」

もし、余力があれば、なぜそう思ったか、理由を書き出してもいいですね。

行動力を習慣づけるためには、こういった実感を日々積み重ねて、自信をつけることに、大きな意味があります。

新たな行動を習慣づけることに成功すれば、大きなことにもどんどんチャレンジできるようになるはずです。

Point

過去を振り返って、次につながるアクションを見つけよう

Method 55

人生を変えるために習慣を変える

そうしないと…

- 習慣を変えない限り、毎日は変わらない
- 「なりたい自分」へ近づくことはできない

初級 ★☆☆	中級 ★★☆	上級 ★★★
起床時間を10分早める	食べ物を変える	仕事や住む場所を変える

最後に、あなたにぜひチャレンジしていただきたいのが**「習慣を変える」こと**です。

私たちの人生は、習慣でつくられているといっても過言ではありません。

日々の積み重ねが、私たちの思考や人格などをかたちづくっています。言い換えれば、**習慣を変えれば人生も変わる**ということ。人生を変えるために、**まずは自分の日々の習慣に気づいてください。習慣を変えて、なりたい自分に近づく**のです。

初級 起床時間を10分早める

まずは、**起床時間をいつもより10分早める**ところから始めましょう。10分くらいなら、抵抗なくできると思います。

早く起きた10分を使って、248ページ（53：朝のモチベーションを高める）の、一日の予定を確認する時間に充ててもよいですし、10分早く出勤するのもよいでしょう。

10分早く行動するだけでも、気持ちに余裕が生まれます。早めに出勤して、コーヒーを飲むとかデスクまわりの整理整頓をする時間をつくってみてください。思わぬアイデアが浮かぶかもしれません。

2～3カ月かけて10分の早起きに慣れたら、さらに10分早めてみます。そうやって

少しずつ起床時間を早めていくことで、1時間の早起きも無理なくできるようになります。早起きして捻出した1時間を勉強や体を動かすことに充てれば、自分の目標に間違いなく近づけます。

中級 食べ物を変える

次は、**食生活（嗜好品）の習慣を変化**させます。

「小麦をとるのをやめる」「スナック菓子を食べるのをやめる」「飲酒をやめる」など、**体に取り入れるものを変えれば、当然のように考え方や生き方が変わっていきます。**

私の場合は、食生活を見直して菜食に変えました。すると菜食についてさまざまな情報を調べるようになり、体の調子もよくなりました。

上級 仕事や住む場所を変える

「仕事や住む場所を変えるなんて絶対に無理」と思わないでください。

いきなり転職までしなくても、**異動を希望したり、管理職を目指したり、部署横断のプロジェクトに参加したり**することはできます。あるいは**副業を始めるのも仕事を**

変える手段の一つです。

引っ越しのハードルが高ければ、ネットで住んでみたい場所を調べたり、間取り図を見るだけでも、心理的には大きな変化がもたらされます。

私自身は京都郊外の自然豊かな町から、東京都の都心へと引っ越したので、人生が激変しました。

まず、買い物のスタイルからして大きく変わりました。地方では自動車を使ってまとめ買いをするのが基本でしたが、東京では逆にたくさんの買い物をすると持ち運びができないので、小まめに買い物をするようになりました。しかも、公共交通機関を使う機会が大幅に増えたので、日常的に歩く習慣が身につきました。

仕事や住む場所を変えれば、間違いなく、取り巻く環境は激変します。本気で人生を変えたいなら、試してみる価値は大いにあります。

Point

毎日の習慣を変えれば、考え方も生き方も劇的に変えることができる

おわりに

私が高校を卒業した1990年はバブル全盛期。就職先が選べる時代でした。

やりたい仕事が特になかった私は、土日が休みで福利厚生が整っている企業に就職しました。その企業で10年間働き、結婚・出産を機に退社。専業主婦生活10年目を迎えようとしたある日、ふと疑問を抱きました。

「このままでいいのかなあ……」

京都に建てた家に住み、2人の子育てをしながらパン教室に通い、ママ友とのおしゃべりを楽しみながら、穏やかに過ぎていく日々。これといって不満はないはずなのに、何も変わらない自分がたまらなくもどかしいのです。

「なりたい自分」を見つけようとする中で色彩心理学を知り、コーチングに興味をもち、その面白さを伝えていくうちに、どんどん自分らしさに目覚めていきました。

そうして、出会った人からいろんな人や場所を紹介していただき、学校や企業で講演やセミナーをするようにもなっていったのです。

そんな活動を続けるうちに、「もっと深く学んで、たくさんの人に届けたい」との思いが募り、師匠がいる東京に通い始めました。

師匠から受けた教えを実践するまま、2020年には東京に引っ越して法人化を実現。ネクストコーチングスクールを開校しました。

スクールの受講生に結果が表れ始めたタイミングで、夢の一つだった本の執筆依頼を受け、前著の出版に至りました。

行動していくうちに、現実がどんどん変わりました。できないと制限をかけていたことは、全部、自分の思い込みだったのです。そこで知ったのは**「現実を変えたければ、行動するしかない」**ということ。それが本書執筆の動機となりました。

何を選択し、何を決断し、どう動くか。その答えは、あなたの中に存在します。

あなたが、本来の自分らしく生きられますように。

あなたと、あなたの大切な人が愛に包まれ、笑顔にあふれた毎日を送れますように。

特典のご案内

https://ichijokayo-presents.hp.peraichi.com

『行動力神メソッド55――潜在意識に働きかけて「すぐやる人」になる！』をお読みいただき、誠にありがとうございます。
読者の皆様に感謝の気持ちを込めて、無料でダウンロード・ご視聴いただける特典をご用意いたしました。上記のQRコード(URL)より、ご活用ください。

特典 1

『行動力神メソッド55』達成ワークシート(PDFファイル)

巻頭付録「ワークシート」をPDFファイルにしました。
持ち歩いたり、壁に張ったり、書き込んだりと使い方は自由自在。
ご自身の行動力向上に、ぜひお役立てください！

特典 2

一条佳代からのメッセージ動画

https://youtu.be/gdBiLLp5WDQ

本書をお読みいただいたあなたのために、著者の一条佳代から、心を込めて特別メッセージをお届けします。

特典 3

潜在意識に働きかけて「すぐやる人」になる！毎朝届く1分コーチング(メルマガ)

https://visionnavigation.net/p/r/MQEqqopz

フォームにお名前(ニックネーム可)とメールアドレスをご登録いただくだけ。
毎朝、あなたのもとに「すぐやる人」になれるコーチングメッセージが届きます。
どうぞお楽しみに！

※上記の特典はWeb上で公開するものであり、小冊子・DVDなどをお送りするものではございません。
※特典のご提供は予告なく終了となる場合がございます。あらかじめご了承ください。

行動力神《こうどうりょくかみ》メソッド55

著　者――一条佳代（いちじょう・かよ）

発行者――押鐘太陽

発行所――株式会社三笠書房

〒102-0072 東京都千代田区飯田橋3-3-1
電話：(03)5226-5734（営業部）
　　：(03)5226-5731（編集部）
https://www.mikasashobo.co.jp

印　刷――誠宏印刷

製　本――若林製本工場

ISBN978-4-8379-2988-8 C0030